衆議院選挙要覧
〈令和5年度・最新版〉

選挙制度研究会 編

JN114229

国政情報センター

第1章　選挙のしくみ

第2章　立候補するまで

第3章　立候補

第4章　選挙運動

目　次

第5章　当選

第6章　寄附

第7章　主な罰則等

目　次

第8章　289小選挙区区割り図

第9章　選挙結果

図　表

I

選挙のしくみ

制度の基本

選挙制度

ポイント ▶ 小選挙区比例代表並立制です。これは、小選挙区選挙と比例代表選挙の２つの選挙によって議員を選ぶ制度です。

小選挙区選挙 ▶ １選挙区から１人の議員を選びます。

比例代表選挙 ▶ 全国11の選挙区（ブロック）ごとに行われ、各政党等の得票数に応じて議員を選びます。

〔公職選挙法 12条関係〕

定数

ポイント ▶ 総定数は 465人です。

〔公職選挙法 4条関係〕

小選挙区選挙 ▶ 289人

比例代表選挙 ▶ 176人

選挙区の区割り

ポイント ▶ 小選挙区選挙と比例代表選挙の区割りは右図のとおりです。

〔公職選挙法 13条関係〕

小選挙区選挙の各都道府県別選挙区数

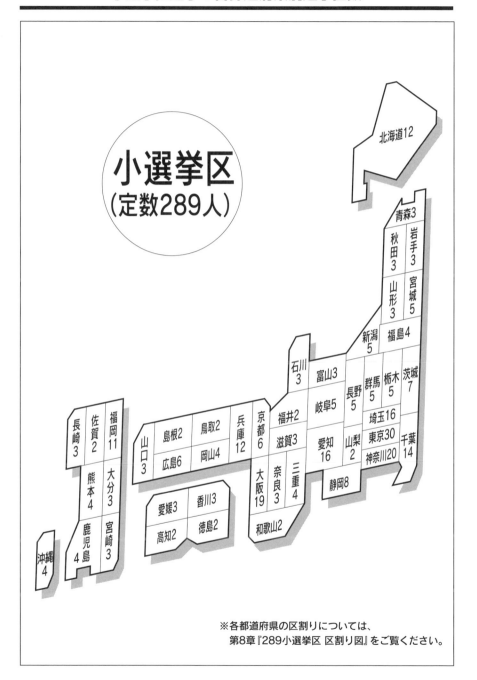

小選挙区
（定数289人）

北海道12

青森3

秋田3　岩手3

山形3　宮城5

新潟5　福島4

石川3　富山3

岐阜5　長野5　群馬5　栃木5　茨城7

福井2　　　　　　　埼玉16

山口3　島根2　鳥取2　兵庫12　京都6　滋賀3　愛知16　山梨2　東京30　千葉14

　　　広島6　岡山4　　　　　　　　　　　　　　　神奈川20

長崎3　佐賀2　福岡11　　　　　　　　大阪19　奈良3　三重4　静岡8

　　　熊本4　大分3

愛媛3　香川3

高知2　徳島2

和歌山2

沖縄4　鹿児島4　宮崎3

※各都道府県の区割りについては、
　第8章『289小選挙区 区割り図』をご覧ください。

11

比例代表選挙の選挙区と各選挙区別定数

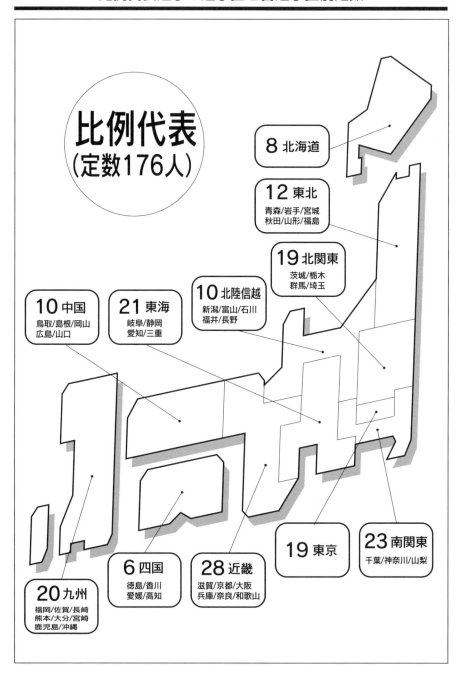

比例代表
（定数176人）

8 北海道

12 東北
青森/岩手/宮城
秋田/山形/福島

19 北関東
茨城/栃木
群馬/埼玉

10 北陸信越
新潟/富山/石川
福井/長野

10 中国
鳥取/島根/岡山
広島/山口

21 東海
岐阜/静岡
愛知/三重

19 東京

23 南関東
千葉/神奈川/山梨

6 四国
徳島/香川
愛媛/高知

28 近畿
滋賀/京都/大阪
兵庫/奈良/和歌山

20 九州
福岡/佐賀/長崎
熊本/大分/宮崎
鹿児島/沖縄

II

立候補
するまで

立候補前の活動

政治活動と選挙運動の違い

一般的に政治活動と呼ばれる活動の中には特定の候補者を当選させるために行う選挙運動に該当する活動も含まれる場合が多く見受けられます。

そこで、公職選挙法では、政治活動と選挙運動を明確に区別するために、政治活動を「政治上の目的をもって行われるすべての行為から、選挙運動に該当する行為を除いた一切の行為」と解しています。

したがって、<u>政治活動のうち選挙運動に該当する行為</u>は、公職選挙法では政治活動としてではなく、<u>選挙運動としての規制をうける</u>ことになります。

禁止される主な行為

事前運動

立候補届出前の選挙運動をいいます。選挙運動とは、特定の選挙において、特定の候補者を当選させるために、直接または間接に働きかける行為をいいます。

事前ポスター

選挙運動に該当しない政治活動のためのポスターでも、立候補予定者の氏名等が表示されているものは、選挙の前一定期間は事前ポスターとして掲示が禁止されています。立札や看板の掲示についても制限されています。

禁止されない主な行為

政治活動

政治上の主義や施策を推進・支持したり、公職の候補者を推薦・支持することなどを目的として行う活動のうち、選挙運動に当たらないものをいいます（ただし、一定期間内に掲示する事前ポスターなどは禁止されています）。

立候補準備行為

立候補予定者が選挙区内の人の支持をあらかじめ調査する行為（瀬踏行為）、政党の公認を求める行為、推薦会の開催行為などをいいます。

選挙運動準備行為

選挙運動費用の調達、選挙運動員の任務の割り振り、選挙事務所や個人演説会場の借入れの内交渉、看板の作成やポスターの印刷などをいいます。

社交的行為

年賀や暑中見舞など、通常の時期に通常の方法で行われる社交的な行為をいいます（候補者が選挙区内の人に挨拶状を出すことは答礼のための自筆によるもの以外は禁止されています）。

禁止される行為

事前運動の禁止

ポイント

罰則▶P118

▶ 立候補の届出前に選挙運動をする（事前運動をする）ことは禁止されています。詳細は第4章選挙運動をご覧ください。
〔公職選挙法 129条関係〕

政治活動用ポスター掲示の禁止

ポイント

罰則▶P129

▶ 候補者・立候補予定者・公職にある者（以下「候補者等」といいます。）およびこれらの者の後援団体が政治活動に使用するポスターで、当該候補者等の氏名もしくは氏名類推事項または後援団体の名称を表示したものは、当該候補者等の任期満了の日の6ヵ月前の日から選挙期日までの間（任期満了による選挙の場合）、または解散の日の翌日から選挙期日までの間は、当該選挙区内に掲示することができません。

▶ 掲示禁止期間外に掲示する場合にあっては、ポスターの表面に掲示責任者および印刷者の氏名（法人にあっては名称）および住所を記載しなければなりません。〔公職選挙法 143条関係〕

ケース解説

▶ **政党の政治活動用ポスターは規制の対象外か**
政党の政治活動用ポスターは、この規制の対象外ですが、政党の政治活動を名目とするものであっても、実質的に候補者等や後援団体の政治活動用ポスターと認められるものについては、この規制の対象となります。

裏打ちポスターの禁止

ポイント

罰則▶P129

▶ 候補者等およびこれらの者の後援団体が政治活動に使用するポスターで、当該候補者等の氏名もしくは氏名類推事項または後援団体の名称を表示したものは、当該ポスターを掲示するためにベニヤ板、プラスチック板その他これらに類するものを用いること（いわゆる裏打ち）はできません。
〔公職選挙法 143条関係〕

ケース解説 ▶ **政党掲示板に貼るのも裏打ちか**

政党が設置している掲示板など既存の工作物に掲示することは、一般的には裏打ちには当たりませんが、これらのポスターを掲示することを主たる目的として当該掲示板が設置されたものであったり、これらのポスターを掲示することが常態化しているような場合は裏打ちに当たります。

候補者等による時候の挨拶状の禁止

ポイント ▶ 候補者等が、選挙区内にある者に対し、年賀状、寒中見舞状、暑中見舞状、年賀電報などの時候の挨拶状を出すことは、時期にかかわらず常に禁止されます。
ただし、答礼を目的とした本人自筆のもの、および時候の挨拶以外の祝電や弔電は禁止されていません。

〔公職選挙法 147条の2関係〕

ケース解説 ▶ **署名のみ自筆のものは認められるか**

自筆とは候補者等本人の肉筆をいい、署名のみ自筆のもの、石版や複写などで複製したもの、口述して他人に代筆させたものなどは認められません。

挨拶を目的とする有料広告の禁止

ポイント
罰則▶P118

▶ 候補者等および後援団体は、選挙区内にある者に対し、主として年賀・暑中見舞・慶弔・激励・感謝などの挨拶を目的とする広告を有料で、新聞やビラ、パンフレット、インターネット等で頒布したり、テレビやラジオを通じて放送したりすることは、選挙期間中・選挙期間前後にかかわらず常に禁止されます。
また、いかなる者も、これらの者に対して有料広告の掲載や放送を求めてはいけません。

〔公職選挙法 152条関係〕

▶ **死亡広告を新聞に掲載することはどうか**

候補者等が肉親の訃報を有料で新聞に掲載することは、それが死亡のお知らせにとどまるものであれば差し支えありませんが、あわせて生前の御礼や会葬の御礼などが掲載されており、御礼が主たる目的と認められる場合は違法となります。

禁止されない行為

選挙期間前の政治活動

ポイント ▶ 選挙運動に該当しない純然たる政治活動は、選挙運動期間中でなければ原則としてほとんど制限されません。

ケース解説 ▶ **政治活動とはどのようなものか**

政治家や政党その他の政治団体などが、その政策の普及や宣伝、党勢の拡張、政治啓発などを行うことであり、特定の候補者を当選させるための行為（選挙運動）は含まれません。

▶ **隣近所や職場の人に後援会への加入を勧めてもよいか**

後援会活動は政治活動であるため、特定の人の政治的な活動を支援するために後援会をつくったり、その後援会への加入を勧めても問題ありません。

ただし、選挙が間近に迫った場合などには、投票依頼など選挙運動をしているとみられないように注意しなければなりません。

▶ **後援会加入勧誘文書などで選挙運動とみなされる場合**

後援会への加入を呼びかける文書や、後援会の開催を通知する文書については、投票依頼の文言がなく、かつ、配る方法や時期が社会通念に照らして妥当なものである限り選挙運動とは認められず、禁止されません。

ただし、次のような加入勧誘文書は、直接投票依頼の文言がなくても選挙運動と認められるおそれがあります。

① 立候補予定者の氏名をことさら大きく書き、その略歴や顔写真を掲げて、「政治家として大成させていただきたい」などの記載がある加入勧誘文書

② 後援会事務所の住所や連絡先が記載されていない加入勧誘文書

③ 後援会の会員以外の者に対して配られる後援会総会等の開催通知書

▶ **会社推薦の候補者名を社内報などで通知してもよいか**

会社などで社長や役員が社員を集めて発議し、推薦を決定することは通常の政治活動として認められます。推薦を決定した候補者名を、社内の掲示板に掲載したり、社内報で社内に

通知することは、従来より掲示板や社内報で連絡事項などを
通知することが通常の方法であれば認められます。

政治活動用立札・看板などの制限

ポイント

罰則▶P129

▶候補者等およびこれらの者の後援団体が政治活動に使用する
立札・看板などで、当該候補者等の氏名もしくは氏名類推事
項または後援団体の名称を表示したものについては、次のと
おり数量制限および規格制限があります。

▶数量制限

次の一定数の範囲内で、かつ、候補者等または後援団体の政
治活動用事務所ごとにその場所において通じて2を限度とし
て掲示することができます。

①候補者等が小選挙区選挙に係るものであるとき
　・候補者等にあっては、1人につき10
　・同一の候補者等に係る後援団体にあっては、そのすべて
　　の団体を通じて15

②候補者等が比例代表選挙に係るものであるとき
　●当該比例代表選挙区内の小選挙区の数が10〜13である
　　場合
　　・候補者等にあっては1人につき22
　　・同一の候補者等に係る後援団体にあっては、そのすべ
　　　ての団体を通じて33
　●当該比例代表選挙区内の小選挙区の数が13を超える場合
　　・候補者等にあっては、1人につき、13を超える数が2
　　　を増すごとに2を22に加えた数
　　・同一の候補者等に係る後援団体にあっては、そのすべ
　　　ての団体を通じて、13を超える数が2を増すごとに3
　　　を33に加えた数
　　（ただし、同一の小選挙区内では、①の数を超えることはできない。）

▶規格制限

ここでいう立札・看板などの大きさについては、縦150cm×

横 40cm を超えてはならないこととされています。また、これらの立札・看板などには、当該選挙に関する事務を管理する選挙管理委員会の定める表示をする必要があります。

〔公職選挙法 143条関係〕

ケース解説 ▶ **支援者の自宅に事務所である旨の看板を掲示してもらうことはできるか**

当該支援者の自宅が政治活動用事務所としての実態を有していない場合は、掲示することはできません。

演説会等の開催中に使用される文書図画

ポイント ▶ 候補者等およびこれらの者の後援団体が政治活動に使用する文書図画で、当該候補者等の氏名もしくは氏名類推事項または後援団体の名称が表示されており、政治活動のための演説会、講演会、研修会その他これらに類する集会の会場において、その開催中に使用されるものは、選挙運動にわたるものでなければ制限はありません。

〔公職選挙法 143条関係〕

社交的行為

ポイント ▶ 候補者等が社会的に認められている社交（たとえば友人との会食や謝礼の挨拶状の発送など）を行うことは、投票を獲得しようとするものでない限り認められます。

ただし、社交的行為ではあっても、選挙区内にある者に対して年賀状や暑中見舞状などの時候の挨拶状を出すことは、答礼のための自筆のものを除いて禁止されています。祝儀や餞別を渡してもいけません。

立候補の準備行為

ポイント ▶ 立候補しようとする人が、選挙区内にある者の支持の状況を

あらかじめ調査したり（瀬踏行為）、政党などの公認を求めたり、後援団体などが候補者選考会や推薦会を開催することは、立候補するための準備行為として認められています。

候補者の選考会・推薦会

ポイント ▶ 政党その他の政治団体や労働組合、あるいは単なる有権者が集まって特定の候補者の推薦を決定することは、立候補の準備行為として認められています。推薦された人がこれを受けて、立候補を決意することも問題ありません。

ただし、次のような場合には一般に選挙運動と認められ、事前運動に該当するおそれがあります。

①選考会や推薦会に集まったそれぞれの人たちが、まったくの白紙の状態から相談して候補者の推薦を決めたのではなく、あらかじめ候補者が内定しており、会合の名を借りて形式的に決定した場合

②選考会の後、単にその結果を構成員に通知するにとどまらず、構成員以外の外部の者にそれを通知した場合

③選考会や推薦会を開催するために、多くの仲間たちを戸別訪問し、それが特定の人の当選をあっ旋する行為と認められる場合

立候補のための瀬踏行為

ポイント ▶ 立候補しようとする人にとって、有権者の支持状況を知ることは、立候補を決意する上できわめて重要です。そこで、立候補を決意するためにあらかじめ有権者の支持状況を調査する行為を「瀬踏行為」と呼び、立候補の準備行為として認められています。瀬踏行為には次のようなものがあります。

①有力者などを通じての打診と世論調査

地域や政党などの有力者と会って有権者の意識や選挙情勢の話を聞いたり、意見の交換をすること。あるいは、選挙区内の有権者を対象に意識調査などの世論調査を行い、自分がどれくらい有権者の支持を受けられるのか、どんな政策が望まれているのかなどを知ること

②演説会や座談会の開催

　多くの有権者の反響を直接みるために、議会報告演説会(現職の議員の場合)、時局演説会、政策発表演説会、座談会などを開催すること

▶ただし、選挙区の情勢を聞く場合や演説会・座談会を開催する場合でも、投票を獲得するために行われるならば選挙運動と認められ、事前運動の禁止に違反することがあります。また、世論調査などの場合にも、投票の依頼を暗示するものは選挙運動として事前運動の禁止に違反することになります。

政党の公認や団体の推薦を得る行為

ポイント
▶政党の公認を求めたり、各種の友好団体の推薦を得られるかどうかの意向を打診することは、立候補の準備行為として認められています。また、特定の個人に対して推薦人になってもらうよう依頼することも、立候補の準備行為として認められています。

ケース解説
▶**推薦を受けた後に謝意を表すためにその団体を訪ねてもよいか**
立候補予定者が会社などの団体から推薦を受けた場合、謝意を表すためにその団体を訪問してもかまいません。
ただし、投票を依頼すれば事前運動の禁止に違反します。

選挙運動の準備行為

▶ 立候補の届出前の選挙運動は禁止されていますが、次のようなものは選挙運動とは区別されており、事前の準備行為として認められています。
①推薦を依頼するための内交渉
②選挙事務所や個人演説会場などの借入れの内交渉
③選挙演説を依頼するための内交渉
④自動車・船舶・拡声機の借入れの内交渉
⑤出納責任者・選挙運動員・労務者となることの内交渉
⑥選挙運動員たちの任務の割り振り
⑦選挙運動用のポスター・立札・看板などの作成、印刷
⑧選挙運動用葉書の宛名書き、印刷
⑨選挙公報・政見放送の文案の作成
⑩選挙運動費用の調達

ケース解説 ▶ **立候補を決意した旨の葉書を不特定多数に出してもよいか**
不特定多数の人に出せば、事前の準備行為ではなく、選挙運動に当たります。また、地域の有力者などの限られた人に対する通知でも、その文面や通知先の数などから選挙運動とみられる場合があります。

▶ **選挙運動員の募集のために選挙区内の人を戸別訪問してよいか**
選挙運動員になるための内交渉は認められますが、それを口実にして戸別に選挙区内の人を訪問し、選挙運動をした場合は、公職選挙法違反となります。

▶ **立候補を決意した会社社長が自社広告に名前を掲載してよいか**
例えば自社の営業広告に名を借りて、社長○○○○と新聞に掲載した場合、ことさらに氏名が強調されているようであれば、一般的には選挙運動とみなされ、事前運動として禁止されます。

Ⅲ

立候補

立候補

被選挙権

ポイント ▶ 満 25 歳以上の日本国民が立候補できます。

▶ 上記の要件を満たしても、次の者は立候補できません（欠格事項）。

①禁錮以上の刑に処せられその執行を終わるまでの者

②禁錮以上の刑に処せられその執行を受けることがなくなるまでの者（刑の執行猶予中の者を除く。）

③公職にある間に犯した収賄罪等により刑に処せられ、実刑期間経過後もしくは刑の執行の免除を受けた日から 10 年間を経過しない者または刑の執行猶予中の者

④法律で定めるところにより行われる選挙、投票および国民審査に関する犯罪により禁錮以上の刑に処せられその執行猶予中の者

⑤公職選挙法に定める選挙に関する犯罪により、選挙権および被選挙権が停止されている者

⑥政治資金規正法に定める犯罪により、選挙権および被選挙権が停止されている者

〔公職選挙法 10条・11条・11条の2・86条の8・252条、政治資金規正法28条関係〕

ケース解説 ▶ **立候補の時点で満25歳に達していなくても立候補できるか**

年齢は選挙期日（投票日）により算定されます。したがって、投票日までに満 25 歳に達するのであれば立候補できます。

▶ **法律で定めるところにより行われる選挙・投票・国民審査とは（上記④）**

国会議員や地方公共団体の議会の議員・長の選挙（公職選挙法）、憲法改正のための国民投票、一の地方公共団体のみに適用される特別法制定のための投票、地方自治法に基づく直接請求に係る投票、最高裁判所裁判官国民審査などです。なお、「選挙権」（P40 参照）においても同様です。

立候補の届出

ポイント ▶ 立候補の届出期間は、選挙期日の公 (告) 示の日 (1日間) だけであり、届出時間は、午前8時30分から午後5時までです。日曜・祝日でも届出ができますが、届出時間を過ぎると受理されません。

▶ 小選挙区選挙でも比例代表選挙でも、原則として、一定の要件を満たす政党その他の政治団体が候補者・候補者名簿を届け出ることができます (政党届出)。
ただし、小選挙区選挙は、個人立候補も可能です。

〔公職選挙法 86条・86条の2関係〕

小選挙区選挙 ▶ 政党届出を行うことができるのは、次のいずれかの要件を満たす政党その他の政治団体に限られます。
①国会議員が5人以上所属していること。
②直近の衆議院議員総選挙における小選挙区選挙もしくは比例代表選挙または参議院議員通常選挙における比例代表選挙もしくは選挙区選挙において、得票率が全国を通じて2%以上であること。
※以下、政党届出を行った政党その他の政治団体を「候補者届出政党」といいます。

▶ 上記の要件を満たす政党その他の政治団体は、小選挙区候補者を比例代表選挙の名簿登載者とすることもできます (重複立候補・P29参照)。

▶ 個人立候補の場合には、候補者自身が届け出る方法 (本人届出) と、候補者を届け出ようとする選挙区内の選挙人名簿に登録されている者が候補者本人の承諾を得て届け出る方法 (推薦届出) があります。

比例代表選挙 ▶ 候補者の届出は、当選人となるべき順位を付した候補者名簿を届け出ることにより行います。なお、候補者名簿の届出を行うことができるのは、次のいずれかの要件を満たす政党

27

その他の政治団体に限られます。

①国会議員が５人以上所属していること。

②直近の衆議院議員総選挙における小選挙区選挙もしくは比例代表選挙または参議院議員通常選挙における比例代表選挙もしくは選挙区選挙において、得票率が全国を通じて２％以上であること。

③名簿登載者の数が、届け出る選挙区（ブロック）の議員定数の２割以上であること。

※以下、候補者名簿の届出を行った政党その他の政治団体を「名簿届出政党等」といいます。

重複立候補

ポイント ▶ 原則として、いずれか一つの選挙に立候補している者は、同時に他の選挙の候補者にはなれません。

〔公職選挙法 87 条関係〕

▶ ただし、衆議院小選挙区選出議員の選挙において、政党届出による候補者は、立候補の届出をした小選挙区を包含する比例代表選挙の選挙区（ブロック）の名簿登載者となることもできます（重複立候補）。したがって、小選挙区選挙に落選した候補者が、比例代表選挙で復活当選することもあり得ます。

▶ 比例代表選挙で各党が候補者名簿につける当選順位は、重複立候補者の場合に限り、何人でも同一順位に並べることができます。ただし、重複立候補者と比例代表選挙だけに出る候補者を同一順位に並べることはできません。

〔公職選挙法 86条の2関係〕

ケース解説 ▶ **個人候補者は比例代表選挙にも重複して立候補できるか**
名簿届出政党等であり、かつ、候補者届出政党である政党その他の政治団体の届出に係る候補者以外は、重複立候補することはできません。

小選挙区選出議員たることを辞した者等の立候補制限

ポイント ▶ 衆議院小選挙区選出議員たることを辞し、または辞したものとみなされた者は、自身が欠員となったことにより行われる補欠選挙には立候補できません。

〔公職選挙法 87条の2関係〕

選挙事務関係者の立候補制限

ポイント ▶ 投票管理者、開票管理者、選挙長、選挙分会長は、在職中は
その関係区域（投票区、開票区、都道府県など）を包含する
選挙区から立候補することはできません。

〔公職選挙法 88条関係〕

公務員の立候補制限

ポイント ▶ 公務員（行政執行法人または特定地方独立行政法人の役職員
を含む。以下同じ。）は、原則として在職中は立候補できませ
ん。したがって、立候補すると自動的に公務員を辞職したも
のとみなされます。ただし、衆議院議員が任期満了による総
選挙に在職中に立候補しても、そのことをもって直ちに公職
を失うことはありません。

▶ 次の公務員は、在職中に立候補しても公務員を辞職したとは
みなされず、そのまま在職できます。
① 内閣総理大臣、国務大臣、内閣官房副長官、内閣総理大臣
補佐官、副大臣、大臣政務官、大臣補佐官
② いわゆる単純労務に従事する地方公務員（技術者・監督者・
行政事務を担当する者を除く。）
③ 予備自衛官、即応予備自衛官、予備自衛官補
④ 臨時・非常勤の公務員（国家公務員または、国会職員法等
に規定する短時間勤務の官職または短時間勤務の職を占め
る者を除く。）で、委員長、委員（一部の委員会を除く。）、顧
問、参与、会長、副会長、会員、評議員、審査員、報告員、
専門調査員、観測員の名称を有する職にある者および統計
調査員、仲介員、保護司、参与員の職にある者
⑤ 臨時・非常勤の地方公共団体の嘱託員
⑥ 消防団長・団員、水防団長・団員（いずれも常勤の者を除
く。）

⑦地方公営企業に従事する職員または特定地方独立行政法人の職員（主たる事務所における課長以上相当職にある者を除く。）

〔公職選挙法 89条関係〕

ケース解説 ▶ **教育委員会や人事委員会の委員は在職のまま立候補できるか**
できません。この他、農業委員会、収用委員会など、一部の委員会の委員長や委員については、立候補と同時に公職が失われます。

▶ **市政連絡員や地区駐在員は在職のまま立候補できるか**
臨時または非常勤の嘱託員であれば、在職のまま立候補できます。この他、公民館長、公民館の職員、学校医、学校歯科医、講師、市の条例で定められた衛生班長などについても、任務が嘱託形式であれば嘱託員（非常勤）となり、在職のまま立候補できます。

連座による立候補制限

▶ 候補者等と一定の関係にある者が買収等の悪質な選挙犯罪を犯し、刑に処せられたことにより連座制が適用された場合には、連座裁判確定等の時から5年間、同じ選挙で同じ選挙区からの立候補が禁止されることがあります。詳しくは、P140～147を参照してください。なお、衆議院比例代表選挙については、連座制の適用はありません。

〔公職選挙法 251条の2、251条の3関係〕

供託金

ポイント ▶候補者の届出をしようとする者は、候補者1人につき一定額の現金（国債証書、振替国債も可）をあらかじめ供託しなければなりません。

▶重複立候補の場合に限り、比例代表選挙における供託金の金額は軽減されます。

▶小選挙区選挙においては一定の得票数に、比例代表選挙においては一定の当選人数に達しなかった場合は、供託金が没収されます。また、供託金を納めた後で候補者が立候補を辞退したり、立候補の届出を取り下げたり、選挙長から立候補の届出を却下された場合にも没収されます。

〔公職選挙法 92条・93条・94条関係〕

小選挙区選挙 ▶供託金は候補者1人につき300万円。得票数が有効投票総数の10％に満たない場合、供託金は全額没収されます。

比例代表選挙 ▶供託金は名簿登載者1人につき600万円（重複立候補者は300万円）。
選挙区ごとに、重複立候補者のうち小選挙区で当選した人数分（1人当たり300万円）と比例代表選挙の当選者数の2倍の人数分（1人当たり600万円）の供託金は返還されますが、それ以外は没収されます。

ケース解説 ▶ **供託は誰でもできるのか**
供託すべき者は候補者を届け出ようとする者です。具体的には、小選挙区選挙にあっては、政党届出については当該候補者届出政党、推薦届出については当該推薦人、本人届出については候補者となろうとする本人、比例代表選挙にあっては、当該名簿届出政党等であり、これらの者に代わって第三者が供託をしても効力がありません。

IV

選挙運動

禁止される行為など

選挙運動とは

ポイント ▶ 選挙運動とはどのようなものか

選挙運動とは、特定の候補者を当選させるために、選挙人にはたらきかける行為をいいます。「○○さんに投票してください」というような明瞭な行為だけでなく、単に特定の候補者の名前を選挙人に知らせるだけでも、当選を目的とした行為であれば選挙運動に当たります。

〔公職選挙法 13章関係〕

ケース解説 ▶ **特定の候補者に投票しないよう選挙人にはたらきかけることは選挙運動か**

単に特定の候補者を当選させないために行う限りは選挙運動にはなりませんが、その行為が他の候補者を当選させることを目的とする場合は、選挙運動になります。

選挙運動期間

ポイント ▶ 選挙運動ができる期間は、12日間です。

▶ 原則として、立候補届出の日(立候補届が受理されたとき)から投票日の前日まで選挙運動ができます。

ただし、次のことは投票日当日でも認められます。

①投票所、共通投票所を設けた場所の入口から300m以外の区域に選挙事務所を設置すること。

②選挙事務所を表示するためのポスター、立札・看板の類を通じて3つ以内およびちょうちんの類を1つに限り掲示すること。

③選挙運動期間中に掲示した選挙運動用ポスターおよび個人演説会告知用ポスターを、そのまま掲示しておくこと。

④選挙運動期間中に頒布された選挙運動用ウェブサイト等をそのままにしておくこと

〔公職選挙法 129条・132条・142条の3・143条関係〕

事前運動の禁止

ポイント ▶ 立候補の届出が受理される前の選挙運動は、事前運動として
禁止されています。

罰則▶P118

▶ ただし、公認や推薦を求める行為、選挙事務所の借入れ・労
務者の雇入れ・演説会場の借入れなどの内交渉、ポスター・
ビラの作成などを選挙運動期間前にあらかじめ行うことは準
備行為として認められています。

▶ 衆議院の解散に関し、候補者等の氏名・氏名類推事項を表
示して、郵便等や電報で選挙人に挨拶する行為は禁止され
ます。

〔公職選挙法 129条・142条関係〕

ケース解説 ▶ **立候補予定者に立候補をやめるようはたらきかけてもよいか**
直ちに選挙運動にはなりませんが、特定の候補者を当選させ
ることを目的として他の者の立候補をやめさせようとする
場合は、選挙運動に当たり、事前運動の禁止に違反します。

▶ **労働組合が特定の者の推薦を決議してもよいか**
単なる推薦決議にとどまる場合は選挙運動にはなりませんが、
推薦を決議した特定の候補者名を組合員以外の者に葉書や新
聞などで告知したり、投票を依頼した場合には選挙運動に当
たり、事前運動の禁止に違反します。これは労働組合だけで
なく、業者団体などの場合でも同じです。

選挙運動規制の類型

ポイント ▶ 選挙運動の規制には、運動期間の制限のほかに、選挙運動の
主体の制限と、選挙運動の手段の制限(戸別訪問や署名運動
の禁止など)があります。

選挙事務関係者の選挙運動の禁止

ポイント

罰則▶P119

▶投票管理者、開票管理者、選挙長、選挙分会長は、在職中はその関係区域内で選挙運動をすることができません。不在者投票管理者は、通常の選挙運動を行うことは禁止されていませんが、不在者投票に関し、その業務上の地位を利用して選挙運動をしてはいけません（例えば、不在者投票管理者たる病院長が、特定の候補者の支援を約束した入院患者に対し、医療上の便宜を図ることを約束することなどはこれに当たります）。

〔公職選挙法 135条関係〕

特定公務員の選挙運動の禁止

ポイント

罰則▶P119

▶次の公務員は、在職中、選挙運動をすることができません。
①中央選挙管理会の委員およびその庶務に従事する総務省の職員
②選挙管理委員会の委員・職員および参議院合同選挙区選挙管理委員会の職員
③裁判官
④検察官
⑤会計検査官
⑥公安委員会の委員
⑦警察官
⑧収税官吏・徴税吏員

〔公職選挙法 136条関係〕

公務員等の地位利用による選挙運動の禁止

ポイント

罰則▶P120

▶次の者は、その地位を利用して選挙運動をすることができません。
①国または地方公共団体の公務員
②行政執行法人または特定地方独立行政法人の役員・職員
③沖縄振興開発金融公庫の役員・職員

〔公職選挙法136条の2関係〕

ケース解説 ▶「その地位を利用して」とはどのような場合か

職務上の影響力または便益を用いて第三者にはたらきかける
ことをいい、例えば次のような場合がこれに当てはまります。
・ 補助金の交付や事業の許認可などの職務権限をもつ公務
員が、請負業者などに対し、その影響力を利用すること
・ 公務員の内部関係において、上司が部下に対し、指揮命令
権や人事権などを利用して特定候補者への投票を勧誘す
ること

公務員等の地位利用による選挙運動類似行為等の禁止

ポイント ▶次の者は、その地位を利用して選挙運動類似行為等をしては
いけません。

罰則▶P120 ①国または地方公共団体の公務員
②行政執行法人または特定地方独立行政法人の役員・職員
③沖縄振興開発金融公庫の役員・職員

▶立候補準備行為や選挙運動準備行為などは、本来は選挙運動
に該当しないとされている行為ですが、上記の公務員などが
特定の候補者を推薦・支持もしくはこれに反対するために、
または自分が候補者として推薦・支持されるために行う場合
は、地位利用による選挙運動類似行為として、禁止されてい
ます。

▶公務員等の地位利用による選挙運動類似行為の例
①その地位を利用して、候補者の推薦に関与したり、特定の
候補者を推薦するよう他人にはたらきかけたりすること
(例えば、職務上影響力のある団体に対し、特定の候補者を
推薦決議するよう干渉すること)
②その地位を利用して、投票の周旋勧誘や演説会の開催その
他の選挙運動の企画に関与し、その企画の実施を指示・指
導したりすること (例えば、職務上影響力のある出先機関
や市町村の職員などに対し、何票獲得せよといった投票の
割当てを指示すること)

③その地位を利用して、後援団体を結成したり、結成の準備に関与したり、特定の後援団体に加入するよう他人を勧誘したりすること（例えば、外郭団体に対し、特定の候補者の後援会に参加するよう要請すること）

④その地位を利用して、新聞や雑誌などの刊行物を発行したり、その他の文書図画を掲示・配布したり、それらを発行・掲示・配布するよう他人にはたらきかけたりすること（例えば、外郭団体の新聞に特定の候補者についての記事を掲載するよう指示すること）

⑤特定の候補者を推薦・支持すると約束した人などに対し、その代償として、職務上の利益を与えたりすること（例えば、特定候補者の支持を申し出てきた市町村長に対し、その代償として補助金を増額交付すること）

〔公職選挙法 136条の2関係〕

教育者の地位利用による選挙運動の禁止

ポイント ▶ 教育者は、学校の児童・生徒・学生に対する教育上の地位を利用して選挙運動をすることはできません。

罰則▶P119

▶ 教育者とは、小学校、中学校、義務教育学校、高等学校、中等教育学校、高等専門学校、大学、特別支援学校、幼稚園、幼保連携型認定こども園の長と教員をいいます。専修学校や各種学校の長と教員は含まれません。

〔公職選挙法 137条関係〕

ケース解説 ▶「教育上の地位を利用して」とはどのような場合か

教育者の立場を利用して、生徒や学生に直接選挙運動をさせたり、生徒や学生を通じて間接的に保護者にはたらきかけたり（例えば、特定の候補者に投票するよう生徒を通じて保護者に依頼すること）、生徒や学生の保護者に直接はたらきかけたりすること（例えば、保護者会の席上で選挙運動すること）などです。

▶ 公立学校と私立学校の教員とでは違いがあるか

公立学校の校長や教員は、教育者の地位を利用する選挙運動が禁止されるだけでなく、教育公務員としていっさいの選挙運動が禁止されます。私立学校の校長や教員は、教育者の地位を利用する選挙運動が禁止されるだけで、教育者の地位を利用しない一般の選挙運動をすることは禁止されません。

年齢満18歳未満の者の選挙運動の禁止

ポイント ▶ 年齢満18歳未満の者は選挙運動をしてはいけません。また、いかなる者も年齢満18歳未満の者を使って選挙運動をしてはいけません。

罰則▶P120

ただし、年齢満18歳未満の者を選挙運動のための労務（選挙事務所での文書発送や湯茶の接待、あるいは物品の運搬といった機械的作業など）に使用することはできます。

〔公職選挙法 137条の2関係〕

選挙犯罪者等の選挙運動の禁止

ポイント

罰則▶P120

▶ 選挙犯罪や政治資金規正法違反の罪を犯して選挙権・被選挙権を失った者は、選挙運動をすることはできません。

▶ 衆議院議員の選挙の選挙権は、満18歳以上の日本国民に付与されていますが、被選挙権と同様に、P26の欠格事項に該当する場合は失われます。ただし、③について「10年間」とあるのは、選挙権の場合は「5年間」となります。

▶ 上記の選挙犯罪等以外の一般犯罪を犯して刑に処せられた者で選挙権・被選挙権のない者が選挙運動をすることは禁止されていません。

〔公職選挙法 137条の3関係〕

戸別訪問の禁止

ポイント

罰則▶P121

▶ いかなる者も、選挙人の住居・会社・事務所・商店・工場などを戸別に訪れ、特定の候補者に対して投票を依頼したり、または投票しないように依頼してはいけません。必ずしも家屋内に入らない場合でも（店先・軒先などであっても）戸別訪問となります。

▶ 戸別訪問に類似する行為として、次のような行為も禁止されています。
　①演説会の開催や演説を行うことを戸別に告知する行為
　②特定の候補者の氏名や政党その他の政治団体の名称を、戸別に言い歩く行為

〔公職選挙法 138条関係〕

ケース解説

▶ **訪問先の相手が不在でも戸別訪問になるのか**
訪問先の相手が不在の場合や、相手に面会を拒絶された場合でも戸別訪問となります。他の用件で訪れた先で付随的に投票を依頼するような場合でも、それが何度もくりかえされるようならば戸別訪問となります。

署名運動の禁止

ポイント

罰則▶P 121

▶ いかなる者も、特定の候補者に対して投票を依頼したり、または投票しないように依頼する目的で、選挙人に対し、署名運動をすることはできません。　〔公職選挙法 138条の2関係〕

ケース解説 ▶ **直接請求のための署名収集は禁止されるか**

この場合は選挙に関して投票を依頼することが目的ではないため、選挙運動には当たりません。ただし、地方自治法により、総選挙については任期満了日の60日前から選挙期日までの間（任期満了による選挙の場合）、解散の日の翌日から選挙期日までの間（解散による選挙の場合）、統一対象再選挙・補欠選挙については原則として選挙を行うべき事由が生じた旨の告示日の翌日または当該選挙を行うべき期日の60日前に当たる日のいずれか遅い日から選挙期日までの間（統一対象再選挙・補欠選挙の場合）、統一されない再選挙については、選挙を行うべき事由が生じた旨の告示日の翌日から選挙期日までの間（その他の選挙の場合）は、署名収集が禁止されています。

人気投票の公表の禁止

ポイント

罰則▶P 121

▶ いかなる者も、小選挙区選挙でどの候補者が当選するか、また比例代表選挙でどの名簿届出政党等からどの候補者が当選するか、何人当選するかを予想する人気投票を行い、その経過や結果を公表してはいけません。新聞、雑誌、テレビ、ラジオ、ポスターなど、いっさいの方法による公表が禁止されています。　〔公職選挙法 138条の3関係〕

ケース解説 ▶ **電話で聞きとり調査を行った結果を公表してもいけないのか**

聞き取り調査は投票の方法によるものではないので、禁止されていません。

▶ **「ミスター日本」などの人気投票の結果を公表してもよいか**

その投票が、選挙を前提に、誰が当選するかを予想するために行われるのであれば、投票結果を公表してはいけません。また、人気投票により算定した政党ごとの当落人数などの結果を公表してもいけません。

飲食物の提供の禁止

ポイント

罰則▶P122

▶ いかなる者も、選挙運動に関して、飲食物を提供することはできません。
ただし、湯茶や湯茶に伴い通常用いられる程度の菓子は、提供してもかまいません。

▶ 小選挙区選挙に限り、候補者は選挙運動員などに対し、一定の制限のもとで弁当を支給することができます（P77参照）。

〔公職選挙法 139条関係〕

ケース解説

▶「湯茶に伴い通常用いられる程度の菓子」とは
例えば、せんべいやまんじゅうなど、いわゆる「お茶うけ」程度のものです。みかんやりんごなどの果物や漬物なども、通常用いられる程度を超えない限り、提供することができます。

▶ 陣中見舞として、酒一升を贈ってもよいか
飲食物の提供に当たり、禁止されています。

気勢を張る行為の禁止

ポイント

罰則▶P122

▶ いかなる者も、選挙運動のために、選挙人の注目を集めようと自動車を連ねたり、隊列を組んで往来したり、サイレンを鳴らしたりするなど気勢を張る行為をしてはいけません。

〔公職選挙法 140条関係〕

連呼行為の禁止

ポイント

罰則▶P122

▶ いかなる者も、選挙運動のために、連呼行為（候補者の氏名や政党名などをくり返し言うこと）をしてはいけません。
ただし、個人演説会、政党演説会、政党等演説会、街頭演説（幕間演説を含む。）の場所、選挙運動に使用される自動車や船舶

の上（午前8時から午後8時までの間に限る）での連呼行為
は認められます。

また、小選挙区選挙の場合、候補者の街頭演説の際に連呼行
為ができるのは、候補者と街頭演説用・乗車用の腕章を着け
ている者に限られます。

〔公職選挙法 140条の2関係〕

ケース解説 ▶ **個人演説会などで連呼行為をする場合、時間制限はあるか**

たとえ午前8時以前・午後8時以降であっても、演説会の開
催時間中および幕間演説においては、連呼行為をすることが
できます。ただし、会場の外に向かって連呼行為をすること
はできません。

休憩所等の設置の禁止

ポイント ▶ いかなる者も、選挙運動のために、休憩所やこれに類似する
設備（湯呑所や連絡所など）を設置することはできません。

罰則▶P123　選挙運動員や労務者用のものだけでなく、選挙人のために設
ける場合も禁止されています。

なお、休憩所とは、休憩することを主たる目的として設置さ
れた独立した設備のことであり、演説会場における弁士の控
室、選挙事務所の一部に設けられる選挙運動員の休憩室など
は禁止されません。

〔公職選挙法 133条関係〕

文書図画の回覧行為の禁止

ポイント ▶ 選挙運動のために、回覧板や文書図画を多数の人に回覧して
はいけません。路線バスの側面に候補者の氏名を記載したポ

罰則▶P127　スターを掲示して走行することなども、この回覧行為に当た
り、禁止されています。

〔公職選挙法142条・143条関係〕

アドバルーン、ネオン・サイン等の禁止

ポイント

罰則▶P130

▶ 選挙運動のために、アドバルーン、ネオン・サイン、電光による表示、スライドその他の映写などの類（屋内の演説会場内で掲示する映写等を除く）を掲示することはできません。

〔公職選挙法 143条②関係〕

ケース解説

▶ **選挙事務所表示用の看板を電灯で照明することはできるか**
看板を照明するために電灯を使用することはできますが、単なる照明の範囲を超え、照明による特段の効果を求めるものは禁止されています。

禁止を免れる行為

ポイント

罰則▶P130

▶ いかなる者も、選挙運動期間中は、著述・演芸などの広告をはじめ、いかなる名目をもってするを問わず、選挙運動用文書図画の頒布・掲示の禁止を免れる行為として（つまり、選挙運動を目的に）、候補者の氏名・シンボルマークや政党等の名称、特定の候補者を推薦・支持・反対する者の氏名を表示する文書図画を頒布・掲示してはならないとされています。

▶ また、選挙運動の目的の有無にかかわらず、選挙運動期間中は、候補者の氏名、政党等の名称、候補者の推薦届出者・選挙運動員の氏名、候補者と同一戸籍内にある者の氏名を表示した年賀状、寒中見舞状、暑中見舞状などの挨拶状を当該候補者の選挙区内に頒布・掲示することは「禁止を免れる行為」とみなされ、禁止されています。　〔公職選挙法 146条関係〕

ケース解説

▶ **選挙運動期間中、候補者が自らの著書について、新聞広告を出すことはできるか**
単なる書籍の販売促進のための広告ならばできますが、選挙における投票を得る目的でする場合は違反となります。

▶ **選挙に立候補するために職を辞した者が、選挙運動期間中、退職をした旨の挨拶状を出すことはできるか**
選挙区内にある者に対するものは禁止されています。

選挙時の政治活動の規制

ポイント

罰則▶P133

▶ 政党その他の政治活動を行う団体は、**選挙期日の公(告)示日から選挙の当日までの間に限り**、次の政治活動を行うことはできません。
①政談演説会・街頭政談演説の開催
②ポスターの掲示
③立札・看板の類（事務所において掲示するものを除く）の掲示
④ビラの類の頒布
⑤宣伝告知のための自動車・船舶・拡声機の使用
⑥連呼行為
⑦掲示または頒布する文書図画（新聞紙・雑誌・インターネット等を利用する方法により頒布されるものを除く）における特定の候補者の氏名または氏名類推事項の記載
⑧国または地方公共団体が所有・管理する建物（職員住宅・公営住宅を除く）における文書図画（新聞紙・雑誌を除く）の頒布（郵便等・新聞折込みによる頒布を除く）
〔公職選挙法 201条の5・201条の7・201条の13関係〕

▶ **政治活動用ポスターの撤去**
政党その他の政治活動を行う団体が選挙期日の公(告)示前に掲示した政治活動用ポスターのうち、そこに氏名や氏名類推事項が記載されている者が候補者になったときは、その者が候補者となった日のうちに当該選挙区において、撤去しなければなりません。
〔公職選挙法 201条の14関係〕

▶ **機関新聞紙・機関雑誌の発行**
政党その他の政治団体が発行する新聞紙・雑誌については、選挙期日の公(告)示日から選挙の当日までの間に限り、候補者届出政党または名簿届出政党等の本部において直接発行し、かつ、通常の方法（機関新聞紙については政党演説会・政党等演説会（P64〜66参照）の会場での頒布を含む）で頒布するもので、総務大臣に届け出たもの各1種類に限り当該選挙に関する報道評論を掲載することができます。
なお、号外等で選挙に関する報道・評論をしていないものについても、特定の候補者の氏名や氏名類推事項が記載されている場合は当該選挙区内で頒布することはできません。
また、引き続き発行されている期間が6ヵ月に満たないものは政党演説会・政党等演説会の会場における頒布しかできません。
〔公職選挙法 201条の15関係〕

選挙運動手段

選挙事務所

小選挙区選挙 ▶

候補者	候補者届出政党
1ヵ所 （3ヵ所まで可＊）	候補者を届け出た選挙区ごとに1ヵ所 （3ヵ所まで可＊）

＊次の選挙区に限り、複数の選挙事務所を設置できます。
①2ヵ所設置できる選挙区（北海道6〜12区、岩手県2区、福島県3区、新潟県1区・5区、岐阜県4区、兵庫県5区・9区、島根県1区、香川県1区、愛媛県2区、長崎県2区・3区、鹿児島県4区）
②3ヵ所設置できる選挙区（鹿児島県2区、沖縄県4区）

比例代表選挙 ▶

名簿届出政党等
名簿を届け出た選挙区内の都道府県ごとに1ヵ所

ポイント ▶ 選挙事務所とは、特定候補者あるいは特定の候補者届出政党・名簿届出政党等の選挙運動に関する事務を取り扱うところをいいます。政党の選挙対策本部のように、所属するすべての候補者の選挙運動について対策を練るような場所は、通常は選挙事務所ではありません。

罰則▶P125 ▶ 選挙事務所を設置できるのは、小選挙区選挙においては候補者または推薦届出者および候補者届出政党、比例代表選挙においては名簿届出政党等に限られます。また、選挙事務所を異動（移動・閉鎖）できるのは、設置者のみです。推薦届出者がこれらを行う場合は、候補者の承諾が必要です。

▶ 選挙事務所を設置、異動したときは、直ちに文書で、小選挙区選挙においては都道府県の選挙管理委員会と選挙事務所を設置した市区町村の選挙管理委員会に、比例代表選挙においては中央選挙管理会と選挙事務所を設置した都道府県および市区町村の選挙管理委員会に届け出なければなりません。

▶ 選挙事務所の設置場所に制限はありませんが、投票日当日に限り、投票所、共通投票所の敷地の入口から半径300ｍ以内の区域にある選挙事務所は、閉鎖するか、半径300ｍ以外の区域に移動させなければなりません。

ポイント ▶ 選挙事務所は、それぞれの事務所ごとに、1日に1回しか移動できません。

▶ 選挙事務所の入口には、小選挙区選挙においては都道府県の選挙管理委員会から、比例代表選挙においては中央選挙管理会から交付された標札を掲示しておかなければなりません。

▶ 次の場合には、都道府県もしくは市町村の選挙管理委員会または中央選挙管理会から選挙事務所の閉鎖を命じられます。閉鎖命令に従わない場合は、強制的に閉鎖されます。
①選挙事務所を設置できる者以外の者が設置したとき
②交付された標札を掲示しなかったとき
③投票日当日、投票所、共通投票所の敷地の入口から半径300m以内の区域に選挙事務所を設置しているとき
④定められた数を超えて選挙事務所を設置しているとき

罰則▶P129 ▶ 選挙事務所を表示するために、その場所において、ポスター、立札・看板の類を合計3つ以内、および、ちょうちんの類を1つ掲示することができます。
ただし、次のような規格制限があります。
①ポスター、立札・看板の類は、350cm×100cm以内
②ちょうちんの類は、高さ85cm以内、直径45cm以内

▶ 小選挙区選挙の候補者に限り、得票数が有効投票総数の10%以上に達した場合には、選挙事務所を表示するために使用する立札・看板の類の作成費用が、一定限度額の範囲内で公費負担となります。

〔公職選挙法 130条〜132条・134条・143条関係〕

ケース解説 ▶ **遊説先の友人宅や旅館が選挙事務所と認められる場合**
遊説のつど一時的に利用する程度であれば、それらは選挙事務所とはみなされません。しかし、それらの場所に選挙運動に関する事務を取り扱うための設備をしたり、選挙運動員がしばしば出入りして選挙運動に関する事務を行ったりしていれば、選挙事務所と認められます。

自動車・船舶・拡声機

小選挙区選挙 ▶ 自動車・船舶

候補者	候補者届出政党
いずれか1	候補者を届け出た都道府県ごとに ・届出候補者数3人まで　いずれか1 ・10人増えるごとに＊　いずれか1追加

▶ 拡声機

候補者	候補者届出政党
1そろい	候補者を届け出た都道府県ごとに ・届出候補者数3人まで　1そろい ・10人増えるごとに＊　1そろい追加

＊例：選挙区数30の東京都における最大の数は
$$1＋(30－3)÷10＝3.7≒3$$

比例代表選挙 ▶ 自動車・船舶

名簿届出政党等
名簿を届け出たブロック（選挙区）ごとに ・名簿登載者数5人まで　いずれか1 ・10人増えるごとに　　　いずれか1追加

▶ 拡声機

名簿届出政党等
名簿を届け出たブロック（選挙区）ごとに ・名簿登載者数5人まで　　1そろい ・10人増えるごとに　　　　1そろい追加

ポイント

罰則▶P126

▶ 選挙運動用として自動車・船舶を使用するときは、小選挙区選挙においては都道府県の選挙管理委員会から、比例代表選挙においては中央選挙管理会から交付される表示板を、前面の見やすいところに取り付けなければなりません。

▶ 小選挙区選挙の場合、選挙運動用の自動車と船舶を同時に使用することはできませんが、乗継ぎのつど表示板を移せば、途中で自動車から船舶に乗り換えて使用することもできます。

▶ 船舶はどんな種類のものでも使用できますが、自動車については、小選挙区選挙の候補者が使用するものに限り、乗車定員4～10人の小型自動車、車両重量が2トン以下の四輪駆動式自動車、乗車定員10人以下の乗用自動車しか使用できません。ただし、これらについても構造上の制限等があるので、あらかじめ選挙管理委員会に問い合わせる必要があります。

▶ 小選挙区選挙の候補者が使用するものに限り、自動車または船舶に乗る選挙運動員は、都道府県の選挙管理委員会から交付される乗車用・乗船用腕章（交付数4枚）を着けなければなりません。
ただし、候補者、運転手、船員は着ける必要はありません。

▶ 小選挙区選挙の候補者が使用するものに限り、乗車・乗船できる人数には次のような制限があります。
①自動車に乗車できる人数は、候補者、運転手1人、乗車用腕章を着けた運動員（4人以内）の合計最大6人です。
②船舶に乗船できる人は、候補者、船員（人数の制限なし）、乗船用腕章を着けた運動員（4人以内）です。

▶ 走行中の自動車からは連呼行為をすることができますが、それ以外の選挙運動（例えば、ビラの頒布など）はできません。

ポイント ▶ 選挙運動用として拡声機を使用するときは、小選挙区選挙においては都道府県の選挙管理委員会から、比例代表選挙においては中央選挙管理会から交付される表示板を、マイクの下部など一定の場所に取り付けなければなりません。

▶ 選挙運動用の拡声機を個人演説会、政党演説会、政党等演説会、幕間演説の開催中にその会場で使用する場合に限り、別にもう１そろい使用することができます。同時に数ヵ所で演説会を開催するときは、会場ごとにそれぞれ１そろい使用することができます（P64〜66参照）。これらの拡声機には表示板を取り付ける必要はありません。

罰則▶P129 ▶ 選挙運動用の自動車・船舶にポスター、立札、ちょうちん、看板の類を掲示する場合には、次のような制限があります。
①ポスター、立札・看板の類は、273cm×73cm以内、数量制限なし
②ちょうちんの類は、高さ85cm以内、直径45cm以内、１個に限る

▶ 小選挙区選挙の候補者に限り、得票数が有効投票総数の10％以上に達した場合には、選挙運動用自動車の使用料と自動車・船舶に掲示する立札・看板の類の作成費用が、一定限度額の範囲内で公費負担となります。

〔公職選挙法 141条〜141条の3、143条関係〕

ケース解説 ▶ **拡声機１そろいとは**
通常は、マイク１個とスピーカー１個およびこれに必要な増幅装置をいいます。これらの装置が一体となった電気メガフォンなどは１台で１そろいとなります。しかし、演説会場などで１個のマイクに複数のスピーカーが設備されている場合は、マイクが１個である限り１そろいとなります。また、テープレコーダーのように肉声以上の音響を発する機能を有するものも拡声機とみなされます。

選挙運動用通常葉書

	候補者	候補者届出政党
小選挙区選挙 ▶	3万5千枚以内	候補者を届け出た都道府県において 2万枚×（届出候補者数）以内

比例代表選挙 ▶ 使用できません。

ポイント ▶ 選挙運動のために使用する通常葉書は、日本郵便株式会社が定める営業所で、必ず「選挙用」の表示を受けなければなりません。

罰則▶P126

▶ 選挙運動用通常葉書を発送するときは、郵便物の配達事務を取り扱う営業所（郵便局）の窓口に差し出さなければなりません。郵便ポストに投函したり、路上で手渡して配ったりすることはできません。

▶ 選挙運動用通常葉書の記載内容については、特段の制限はありません。したがって、政見発表や投票依頼などの文章のほか、候補者の写真を載せることもできます。また、候補者はもちろん、第三者（地域の有力者など）に依頼して推薦状の形で出すこともできます。また、推薦人が選挙運動用通常葉書に推薦の言葉を書き添えることもできます。

▶ 小選挙区選挙の候補者に限り、選挙運動用通常葉書は無料で交付されます。さらに、得票数が有効投票総数の10％以上に達した場合には、葉書の作成費用（印刷費など）が、一定限度額の範囲内で公費負担となります。

▶ 立候補届出が却下された候補者や立候補を辞退した候補者が、無料葉書の交付を受けている場合は、未使用の葉書を返還しなければなりません。　〔公職選挙法 142条・177条関係〕

▶ **選挙事務所の開設告知を手持ちの葉書で通知してもよいか**
選挙人に通知する場合は、必ず選挙用の表示のある葉書を使用しなければなりません。ただし、選挙運動員などに事務連絡として通知する場合は、選挙用の表示のない葉書を使用してもかまいません。

▶ **選挙区内にある会社や工場などに「○○会社御中」や「○○課御一同様」として郵送することはできるか**
このような宛名で郵送することは、多数人に対して回覧や掲示によって伝達されることを予定しているものであるため、禁止されています。

選挙運動用ビラ

小選挙区選挙 ▶

候補者	候補者届出政党
・2種類以内 ・7万枚以内 ・29.7cm×21cm以内 （A4判）	・種類制限なし ・候補者を届け出た都道府県において4万枚×（届出候補者数）以内 （1選挙区当たり4万枚以内） ・42cm×29.7cm以内（A3判）

比例代表選挙 ▶

名簿届出政党等
・名簿を届け出たブロック（選挙区）ごとに2種類以内 ・枚数制限なし ・規格制限なし

ポイント ▶ ビラの記載内容については、特段の制限はありません。また、小選挙区選挙の候補者に限り、得票数が有効投票総数の10％以上に達した場合には、選挙運動用ビラの作成費用は、一定限度額の範囲内で公費負担となります。

罰則▶P127 ▶ 選挙運動のために使用するビラの表面には、頒布責任者と印刷者の氏名・住所（法人の場合は名称・所在地）を記載しなければなりません。さらに、候補者届出政党は政党名を、名簿届出政党等は政党等名と選挙運動用ビラである旨を表示する記号を記載しなければなりません。

▶ 小選挙区選挙における候補者用のビラにあっては都道府県の選挙管理委員会に、比例代表選挙における名簿届出政党等のビラにあっては中央選挙管理会に届け出たものでなければ頒布することはできません。

▶ 候補者と候補者届出政党のビラについては都道府県の選挙管理委員会が交付する証紙を貼らなければなりません。

▶ ビラの頒布方法は、選挙事務所・演説会場・街頭演説の場所における頒布と、新聞折込みによる頒布に限られます。

〔公職選挙法 142条関係〕

パンフレット・書籍

ポイント

罰則▶P131 ▶ 衆議院議員総選挙においては、候補者届出政党または名簿届出政党等は国政に関する重要政策等を記載したパンフレット・書籍（以下「パンフレット等」といいます）を選挙運動のために頒布することができますが、次のような制限があることに留意する必要があります。

▶ 衆議院議員総選挙において、選挙運動のためにパンフレット等を頒布することができるのは、候補者届出政党もしくは名簿届出政党等に限られます。

▶ 候補者届出政党または名簿届出政党等が選挙運動のために頒布できるパンフレット等は、当該候補者届出政党もしくは名簿届出政党等の本部において直接発行するもので、国政に関する重要政策等を記載したものとして総務大臣に届け出たもの2種類以内（うち1種類は要旨等を記載したもの）に限られます。

▶ パンフレット等には、当該候補者届出政党または名簿届出政党等の代表者以外の候補者・名簿登載者の氏名および写真等の氏名類推事項を掲載することはできません。

▶ パンフレット等の表紙には、当該候補者届出政党または名簿届出政党等の名称、頒布責任者と印刷者の氏名および住所（法人の場合は名称および所在地）ならびに届出を行ったパンフレット等である旨を表示する記号を記載しなければなりません。

▶ パンフレット等の頒布方法は、当該候補者届出政党または名簿届出政党等および所属候補者の選挙事務所内・演説会（政党演説会、政党等演説会、個人演説会）の会場内・街頭演説の場所における頒布に限られます。

〔公職選挙法 142条の2関係〕

ケース解説 ▶ **パンフレット等を有償で頒布することはできるか**
上記の頒布方法に違反しなければ、有償で頒布しても差し支えありません。

▶要旨としてリーフレットを頒布することはできるか

1枚様のリーフレットは、形状的にパンフレットではなく、ビラに当たるため、ここでいうパンフレット等として頒布することはできません。なお、選挙運動用ビラの頒布は、小選挙区の候補者・候補者届出政党・名簿届出政党等に認められています。(☞P52)。

新聞広告

小選挙区選挙 ▶

候補者	候補者届出政党
9.6cm×2段×5回以内	候補者を届け出た都道府県において届出候補者数に応じて下記制限 1～5人：38.5cm×4段×8回以内 6～10人：38.5cm×8段×16回以内 11～15人：38.5cm×12段×24回以内 16人以上：38.5cm×16段×32回以内

比例代表選挙 ▶

名簿届出政党等
名簿を届け出たブロック（選挙区）における名簿登載者数に応じて下記制限 1～9人：38.5cm×8段×16回以内 10～18人：38.5cm×16段×32回以内 19～27人：38.5cm×24段×48回以内 28人以上：38.5cm×32段×64回以内

罰則▶P128

ポイント ▶新聞を利用して行うことができる選挙運動は新聞広告のみです。新聞広告は、新聞販売業者による宅配など通常の方法で行う頒布と、都道府県の選挙管理委員会が指定する場所への掲示に限られます。

▶新聞広告の掲載場所は記事下に限られ、色刷りは認められません。記載内容については特段の制限はありません。

▶広告費用は無料です。ただし、比例代表選挙の名簿届出政党等に限り、得票数が当該選挙区の有効投票総数の2％以上に達した場合のみ無料（2％未満なら自己負担）となります。

〔公職選挙法 149条関係〕

選挙公報

小選挙区選挙 ▶

候補者のみ
選挙区ごとに1回発行

比例代表選挙 ▶

名簿届出政党等
名簿を届け出たブロック（選挙区）ごとに1回発行 名簿登載者数に応じて寸法が異なります 1〜9人：11.5cm×37.5cm（1/4ページ） 10〜18人：23.0cm×37.5cm（1/2ページ） 19〜27人：34.5cm×37.5cm（3/4ページ） 28人以上：46.0cm×37.5cm（1ページ）

ポイント ▶選挙公報とは、候補者の氏名・経歴・写真・政見など（比例代表選挙の場合は、名簿届出政党等の名称・略称・政見、名簿登載者の氏名・経歴・当選人となるべき順位）を掲載した文書で、小選挙区選挙・比例代表選挙の選挙公報とも都道府県の選挙管理委員会が発行します。

罰則▶P112 ▶ 掲載文の申請書は、選挙期日の公（告）示日に、掲載文（小選挙区選挙にあっては併せて写真も）を添えて、小選挙区選挙の選挙公報については都道府県の選挙管理委員会に、比例代表選挙の選挙公報については中央選挙管理会に提出しなければなりません。掲載文には字数制限はなく、図やイラストレーションの類を一定の制限のもとに記載することもできますが、他人や他党の名誉を傷つけたり、善良な風俗を害したり、特定の商品広告をするなど、選挙公報の品位を損なってはなりません。

▶ 選挙公報の掲載文について、紙媒体の提出だけでなく、電子データによる提出も可能です。

〔公職選挙法 168条①〜③関係〕

▶ 掲載の順序は、申請受付の順番にかかわらず、都道府県の選挙管理委員会によりくじで定められ、選挙人の各世帯に対して、投票日の2日前までに配布されます。

〔公職選挙法 167条〜172条関係〕

インターネット（ウェブサイト等）

ポイント ▶ 誰もが、ウェブサイト等を利用する方法（電子メールは含まれません。）により、選挙運動用の文書図画を頒布することができます。
ただし年齢満18歳未満の者等は、選挙運動をすることができません。

▶ 投票日の前日までにウェブサイト等を利用する方法により頒布された選挙運動用文書図画は、投票日当日も、受信者が通信端末機器の映像面に表示可能な状態にしておくことができます。ただし、選挙期日当日の更新はできません。

〔公職選挙法142条の3関係〕

▶ ウェブサイト等を利用する方法により選挙運動用文書図画を頒布する者は、電子メールアドレスその他のインターネット等による方法で、その者に連絡する際に必要となる情報（電子メールアドレス等）が正しく表示されるようにしなければなりません。

〔公職選挙法142条の3関係〕

▶ 選挙期日の公（告）示の日から投票日までの間、ウェブサイト等で当選を得させないための活動に使用する文書図画を掲載する者は、自らの電子メールアドレス等が正しく表示されるようにしなければなりません。

〔公職選挙法142条の5関係〕

ケース解説 ▶ 選挙運動用の動画をウェブサイトに掲載できるか
ホームページへの動画の掲載も「ウェブサイト等を利用する方法による選挙運動」に含まれるので、行うことができます。

▶ 選挙期間中にツイッターで候補者の情報を拡散してよいか
ツイッターやフェイスブックなどのソーシャル・ネットワーキング・サービス（SNS）は「ウェブサイト等」に含まれるので、候補者が発信した情報を自由にシェアしたり、リツイートして拡散できます。

▶ ホームページの更新やツイートを業者に委託するのは運動員買収に当たるか
単に候補者の指示に従って、一連の機械的な作業を行ったにすぎないと認められる場合は、当該行為の限りにおいては直ちに選挙運動に当たるとはいえないことから、運動員買収には当たりません。
ただし、ホームページに掲載する文章等を業者に外注委託して作成させた場合は、選挙運動の企画立案を業者が行ったこととなるため、運動員買収に該当します。

インターネット（電子メール）

ポイント ▶ 選挙運動用の電子メールの送信は、候補者と政党等（候補者届出政党、名簿届出政党等）のみに認められており、その他の者は送信できません。

▶ 選挙運動用電子メールは、次の者に対してのみ、かつ、次の者が送信者に対して自ら通知した電子メールアドレスに対してのみ送信できます。
①選挙運動用電子メールの送信を求める旨や送信に同意する旨を、あらかじめ電子メール送信者に通知している者
②政治活動用の電子メールを継続的に受信しており、電子メール送信者から選挙運動用の電子メールを送信する旨の通知を受けた際、当該通知に対して送信拒否をしなかった者
ただし、送信拒否の通知を受けたときは、以後、送信してはいけません。

▶ 選挙運動用の電子メールを送信する者は、次の場合、それぞれに定める事実を証明する記録を保存しなければなりません。
（1）前述①の者に送信する場合
・受信者が電子メールアドレスを選挙運動用メール送信者に対し、自ら通知したこと。
・選挙運動用電子メールの送信の要求や送信への同意があったこと。
（2）前述②の者に送信する場合
・受信者が電子メールアドレスを選挙運動用メール送信者に対し、自ら通知したこと。
・当該電子メールアドレスに継続的に政治活動用電子メールを送信していること。
・選挙運動用電子メールを送信する旨の通知をしたこと。

〔公職選挙法142条の4関係〕

▶ 選挙運動用電子メールの送信者は、送信する際に次の事項を正しく表示しなければなりません。
　①選挙運動用電子メールである旨
　②選挙運動用電子メール送信者の氏名・名称
　③送信拒否の通知を行うことができる旨
　④送信拒否の通知を行う際に必要となる電子メールアドレスその他の連絡先

〔公職選挙法142条の4関係〕

▶ 選挙期日の公（告）示の日から投票日までの間、電子メールで当選を得させない為の活動文書図画を頒布する者は、その文書図画に、自らの電子メールアドレスと氏名・名称を正しく表示しなければなりません。

〔公職選挙法142条の5関係〕

ケース解説 ▶ **フェイスブックのメッセージは「電子メール」に当たるか**
「電子メール」は、SMTP方式、電話番号方式の電子メールであり、これらの方式を利用しないフェイスブックのメッセージは含まれません。その場合、フェイスブックのメッセージには「電子メール」の制限はかからず、ウェブサイト等と同様の表示義務が課されるだけです。

▶ **電子メールアドレスを含む名簿を買って選挙運動用電子メールを送信してよいか**
「電子メールアドレスを自ら通知した者」にしか送信できないため、名簿を購入して得た電子メールアドレスや、第三者から教えられた電子メールアドレスに対して選挙運動用電子メールを送信することはできません。

▶ **選挙運動用電子メールの送信制限は実務上複雑ではないか**
すでに政治活動用電子メールを送っている受信者に対しては、「このメールアドレスに対して選挙期間中に選挙運動用メールを送ります。不要な方はその旨をご返信ください」という内容のメールを選挙公（告）示前に送っておけば、拒否の返信があった以外の受信者に選挙期間中、選挙運動用電子メー

ルを送ることができます。ただし、選挙運動用電子メールの送信先は、受信者が送信者に対して通知した電子メールアドレスに限られるので、送信者に受信者の電子メールアドレスが通知されない電子メール配信代行業者を使用して政治活動用電子メールを送っている場合は、この限りではありません。また新たに政治活動用電子メールの受信者を募集する際も、「選挙期間中には選挙運動用電子メールを送信します。不要な方はその旨をご返信ください」という旨を注意書きしておき、拒否の返答がなければ選挙期間中も継続して選挙運動用電子メールを送ることができます。

選挙運動のための有料インターネット広告

ポイント

▶いかなる者も、候補者や政党等（候補者届出政党、名簿届出政党等）の氏名・名称、もしくはこれらの類推事項を表示した選挙運動用有料インターネット広告は掲載できません。（①）

▶また選挙運動期間中、①の禁止を免れる行為として、候補者や政党等の氏名・名称もしくはこれらの類推事項を表示した有料インターネット広告（選挙運動用ウェブサイト等に直接リンクするものを含む）は掲載できません。（②）

▶さらに選挙運動期間中は、候補者や政党等の氏名・名称もしくはこれらの類推事項が表示されていない広告であっても、選挙運動用ウェブサイト等に直接リンクする有料インターネット広告を掲載できません。（③）

▶ただし、政党等（候補者届出政党、名簿届出政党等）は、前述②③にかかわらず、選挙運動期間中でも、当該政党等の選挙運動用ウェブサイト等に直接リンクした有料インターネット広告（①に該当するものを除く。）を掲載することができます。

〔公職選挙法142条の6関係〕

61

選挙運動用・個人演説会告知用ポスター

小選挙区選挙 ▶

候補者	候補者届出政党
・掲示場ごとに1枚 ・42cm×30cm以内	・候補者を届け出た都道府県において 　1千枚×（届出候補者数）以内 　（1選挙区当たり1千枚以内） ・85cm×60cm以内
＊掲示場ごとに1枚 ＊42cm×10cm以内	

＊個人演説会告知用ポスターの掲示・規格制限

比例代表選挙 ▶

名簿届出政党等
名簿を届け出たブロック（選挙区）ごとに ・中央選挙管理会に届け出た3種類以内 ・5百枚×（名簿登載者数）以内 ・85cm×60cm以内

ポイント ▶ 小選挙区選挙の候補者に限り、選挙運動用ポスターのほか、個人演説会告知用ポスターを掲示できます。

罰則▶P129　ただし、掲示場所は公営ポスター掲示場に限られます（公営ポスター掲示場の総数は、1投票区につき5〜10ヵ所の範囲内で選挙管理委員会により定められます）。

ポイント ▶ 候補者届出政党や名簿届出政党等のポスターには、原則として掲示場所の制限はありませんが、国または地方公共団体が所有・管理する建物や、不在者投票管理者の管理する投票記載場所には、選挙運動用ポスターを掲示することはできません。

ただし、承諾があれば、次の場所には掲示できます。

①電柱、橋りょう
② 公営住宅（県営住宅や市営住宅などをいい、公営住宅に隣接する集会場などの共同施設や官舎・公舎には掲示不可）
③地方公共団体の管理する食堂や浴場

▶候補者届出政党が使用する選挙運動用ポスターには都道府県の選挙管理委員会の、名簿届出政党等が使用する選挙運動用ポスターには中央選挙管理会の証紙がなければなりません。

▶選挙運動用ポスターの表面には、掲示責任者と印刷者の氏名・住所（法人の場合は名称・所在地）を記載する必要があります。さらに、候補者届出政党は政党名を、名簿届出政党等は政党名と中央選挙管理会に届け出たポスターである旨を表示する記号を記載しなければなりません。

▶選挙運動用ポスターの記載内容については、虚偽事項や利益誘導に関することなどを記載しない限り特段の制限はなく、色刷りの制限もありません。

▶個人演説会告知用ポスターは、個人演説会（日時・場所等）を告知するものでなければならず、単に政策や氏名のみを記載することはできません。

▶個人演説会告知用ポスターの表面には、掲示責任者の氏名・住所を記載しなければなりません。

▶個人演説会告知用ポスターは、次のことに注意すれば、選挙運動用ポスターと合わせて作成することもできます。
①2種類のポスターを1枚として作成する場合
・ポスターの大きさは、42cm×40cm以内であること
・個人演説会の日時と場所の記載欄が設けてあること
・掲示責任者の氏名・住所は、ポスター中に少なくとも1ヵ所記載してあること

② 2種類のポスターを別々に作成するが、2枚を接続して掲示する場合

・ポスターの大きさは、それぞれの規格内でなければならず、合計42cm×40cm以内であること

・個人演説会の日時と場所の記載欄が設けてあること

・掲示責任者の氏名・住所は、それぞれのポスターに記載すること

▶ 小選挙区選挙の候補者に限り、得票数が有効投票総数の10％以上に達した場合には、選挙運動用ポスターと個人演説会告知用ポスターの作成費用は、一定限度額の範囲内で公費負担となります。

〔公職選挙法 143条・144条・144条の2・145条〕

個人演説会・政党演説会・政党等演説会

小選挙区選挙 ▶

候補者（個人演説会）	候補者届出政党（政党演説会）
同時開催は5ヵ所以内	候補者を届け出た選挙区ごとに同時開催は2ヵ所以内

比例代表選挙 ▶

名簿届出政党等（政党等演説会）
名簿を届け出たブロック（選挙区）ごとに同時開催は8ヵ所以内

罰則▶P132

ポイント ▶選挙運動のために行う演説会は、候補者の場合は個人演説会、候補者届出政党は政党演説会、名簿届出政党等は政党等演説会に限られます。またこれらの演説会を第三者が開催することはできません。演説会は、聴衆を特定の会場に参集させたうえで演説をするという点で、単なる演説とは区別されます。

▶これらの演説会は、公営施設を使用する場合と公営施設以外の施設を使用する場合とでは、使用時間などの制限が異なります。公営施設とは、学校、公民館、地方公共団体が管理する公会堂、市町村の選挙管理委員会が指定する施設（図書館や集会場など）です。公営施設以外の施設とは、民間会議場、ホテル、劇場などです。

▶これらの演説会を公営施設で開催するときは、開催予定日の2日前までに市町村の選挙管理委員会に申し出なければなりません。使用許可を得れば、個人演説会に限り、施設ごとに1回目の使用が無料となります（2回目からは有料）。政党演説会や政党等演説会で使用するときは、すべて有料です。なお、公営施設の使用時間は、1回につき5時間以内に限られます。

ポイント ▶これらの演説会を公営施設以外の施設で開催するときは、施設の管理者などの承諾が必要です。この場合、使用時間に制限はありませんが、次の場所で開催することはできません。
①国または地方公共団体が所有・管理する建物（公営住宅を除く）
②電車・バスなどの車中、停車場、鉄道敷地内
③病院、診療所、その他の療養施設

▶他の選挙の投票日には、その投票所を設けた場所の入口から300m以内の区域では、午前零時から投票所の閉鎖時刻までの間は、これらの演説会を開催することはできません。

▶これらの演説会の開催中は、個人演説会・政党演説会にあっては都道府県の選挙管理委員会が、政党等演説会にあっては中央選挙管理会が交付する表示板を付けた立札・看板類（273cm×73cm以内）を、会場の前の公衆の見やすい場所に掲示しなければなりません。なお、交付される表示板の枚数は、候補者にあっては５枚、候補者届出政党にあっては都道府県ごとに２枚×届出候補者数、名簿届出政党等にあっては選挙区ごとに８枚とされており、また政党演説会の会場前に掲示する立札・看板の類の数が選挙区ごとに２枚以内とされていることから、必然的に上記の同時開催制限がかかることとなります。なお、演説会の会場外では、この表示板を付けた立札・看板類以外の選挙運動用文書図画は掲示することができません。

▶これらの演説会場では、誰が演説してもかまいません。演説者が不在でも、テープレコーダーなどで不在の応援者などの演説を聴かせることもできます。また、演説会場ごとに拡声機を１そろい使用することができます。

▶これらの演説会では、会場内で聴衆に向かって行う限り、連呼行為も認められます。ただし、会場内の窓や入口から外に向かって連呼することはできません。

罰則▶P129 ▶これらの演説会の開催中に会場内に掲示することができる文書図画は次のとおりです。
①ポスター、立札・看板の類（枚数・規格制限なし）
②ちょうちんは、高さ85cm以内、直径45cm以内（1個に限る。）
③屋内の演説会場内においてその演説会の開催中掲示する映写等の類

▶小選挙区選挙の候補者に限り、得票数が有効投票総数の10％以上に達した場合には、個人演説会場の外で使用した立札・看板類の作成費用は、一定限度額の範囲内の公費負担となります。
〔公職選挙法 140条の2・141条・143条・161条〜164条の4・165条の2・166条関係〕

66

政見放送・経歴放送

小選挙区選挙 ▶

		候補者	候補者届出政党
	政見放送	—	・NHK、民間放送会社 ・放送回数は都道府県ごとの届出候補者数に応じ異なる ・放送時間は9分以内／回
	経歴放送	・NHKのみ ・ラジオ：おおむね10回 ・テレビ：1回 ・放送時間は30秒以内／回	—

比例代表選挙 ▶

	名簿届出政党等
政見放送	・NHK、民間放送会社 ・放送回数はブロックごとの名簿登載者に応じ異なる ・放送時間は9分以内／回

ポイント ▶ いかなる者も、政見放送・経歴放送以外には、放送設備を使用して選挙運動のために放送することはできません。

罰則▶P117

▶ 経歴放送は、候補者の経歴書に基づいて放送局が放送します。政見放送は、あらかじめ収録した政見をそのまま放送しますが、収録を行う日時と場所は各政党の希望を考慮して放送局が定めます。いずれも、放送料は公費で負担されます。
なお、候補者届出政党は自らが録音または録画した政見を放送局に持ち込み放送してもらうことができます。この録音・録画に要する費用についても一定限度額の範囲内で公費負担されます。

▶政見放送について、テレビとラジオの放送回数・放送時間は、候補者届出政党については都道府県の選挙管理委員会が、名簿届出政党等については中央選挙管理会が定めます。

▶政見放送を収録する際には、単独方式・対談方式・複数方式などの方法による政見発表が認められています。
ただし、たすき・腕章・はちまきなどを着用したり、放送原稿以外の用具を使用してはいけません。

罰則▶P112 ▶政見放送を行う者は、他人や他党の名誉を傷つけたり、善良な風俗を害したり、特定の商品広告を行うなど、品位を損なう言動をしてはいけません。
〔公職選挙法 150条・150条の2・151条・151条の5関係〕

街頭演説

ポイント ▶街頭演説とは、街頭、公園、空き地などで、多数の人に向かって選挙運動のために行う演説をいいます。屋内（選挙事務所など）から街頭に向かって行う演説も含まれます。

罰則▶P132 ▶街頭演説は、午前8時から午後8時までの間に限り、行うことができます。

▶街頭演説を行うときには、次のような制限があります。
　①小選挙区選挙の候補者の場合
　　都道府県の選挙管理委員会が交付する標旗を掲げ、その場にとどまって行わなければなりません。道路を歩行しながら、または自動車や自転車で走行しながら演説することはできません。
　②候補者届出政党の場合
　　選挙運動用自動車・船舶を停止させ、その車上・船上、またはその周辺でしか行うことはできません。

③名簿届出政党等の場合

選挙運動用自動車・船舶を停止させ、その車上・船上、またはその周辺で行うか、中央選挙管理会が交付する標旗を掲げ、その場にとどまって行わなければなりません。

▶小選挙区選挙の候補者の場合に限り、街頭演説に従事する選挙運動員は15人以下に限られます。これらの者は、都道府県の選挙管理委員会が交付する腕章を着けなければなりません。

▶街頭演説を行うときは、連呼行為が認められます。
ただし、次のことに努めなければなりません。
①学校、病院、診療所、その他の療養施設の周辺では、静かに演説を行うこと（静穏を保持すること）
②長時間にわたって同じ場所にとどまって演説しないこと

▶街頭演説では、誰が演説してもかまいません。演説者が不在でも、テープレコーダーなどで不在の応援者などの演説を聴かせることもできます。また、表示板をつけた拡声機を使用することができます。

▶街頭演説の場所では、選挙運動用ビラを頒布することができます。

▶他の選挙の投票日には、その投票所、共通投票所を設けた場所の入口から300m以内の区域では、午前零時から投票所の閉鎖時刻までの間は、街頭演説を行うことはできません。

▶街頭演説は次の場所で開催することはできません。
①国や地方公共団体が所有・管理する建物(公営住宅を除く)
②電車・バスなどの車中、汽車やバスの停車場、鉄道敷地内
③病院、診療所、その他の療養施設

▶街頭演説の場所では、ポスター、立札・看板などを掲示することはできません。
ただし、選挙運動用自動車・船舶に取り付けてあるポスター、立札、ちょうちん、看板の類は差し支えありません。
〔公職選挙法 140条の2・141条・164条の4～7・165条の2・166条関係〕

特殊乗車券

ポイント

▶ 特殊乗車券とは、候補者・推薦届出者・選挙運動員が、選挙運動期間中に選挙区内で鉄道や乗合バスなどの交通機関を利用するための無料乗車券で、選挙区の属する都道府県の全域で使用できます。なお、特殊乗車券は、小選挙区選挙の候補者に限り交付されます。

▶ 立候補届が済むと、選挙長から「公職の候補者旅客運賃後払証」が15枚交付されます。これに必要事項を記入して、選挙期日の公(告)示日から投票日までの間に、乗車券の発行所に提示すれば特殊乗車券を受け取ることができます。
各乗車券の発行所は、次のとおりです。
①鉄道・・・・・・・・・・・・・・・・・・・・鉄道の各駅
②軌道・・・・・・・・・・・・・・・・・・・・軌道の各駅
③一般乗合旅客自動車・・・・・・・バス会社本社

▶ 15枚の「公職の候補者旅客運賃後払証」をどの交通機関で使用するかは自由に決めることができます。乗車券の発行所に提示する際に、鉄道10枚分・バス5枚分などと分けてもらうこともできます。

▶ 特殊乗車券を使用できる人は、候補者、推薦届出者、選挙運動員に限られ、選挙運動のために雇われた労務者は使用できません。使用を認められていない人が特殊乗車券を使用した場合は、無効とされ、回収されます。

▶ 特殊乗車券の使用期間は、発行日から投票日の5日後までです。なお、普通乗車券については無料ですが、グリーン車、急行、特急、寝台などを利用するための差額は使用者の負担となります。

罰則▶P131 ▶ 立候補を辞退したときや、立候補の届出が却下されたときには、すぐに特殊乗車券を返還しなければならず、他人に譲渡することはできません。

〔公職選挙法 176条・177条・公職の候補者用特殊乗車券及び
特殊航空券の発行方法等を定める告示関係〕

「わたる」規定

ポイント ▶ 各選挙ごとに候補者や政党等に認められている選挙運動手段については、当該選挙において当該候補者・政党等の選挙運動のためにのみ使用できるものであり、その選挙運動手段を他の選挙の選挙運動に用いたり、他の候補者・政党等のために用いたりすることは、原則としてできません。しかしながら、衆議院議員の選挙においては、次のとおり特例が設けられています。

▶ **小選挙区から比例代表へのわたり**
候補者または候補者届出政党が行う小選挙区選挙の選挙運動が、小選挙区選挙の選挙運動手段として認められている範囲内で、比例代表選挙の選挙運動にわたることを妨げるものではないとされています。すなわち、小選挙区選挙の選挙運動を主として行う中で、比例代表選挙の選挙運動を従として行うことができるということです。

▶ **比例代表から小選挙区へのわたり**
候補者届出政党である名簿届出政党等が行う比例代表選挙の選挙運動が、比例代表選挙の選挙運動手段として認められている範囲内で、小選挙区選挙の選挙運動にわたることを妨げるものではないとされています。すなわち、候補者届出政党である名簿届出政党等に限り、比例代表選挙の選挙運動を主として行う中で、小選挙区選挙の選挙運動を従として行うことができるということです。

〔公職選挙法 178条の3関係〕

ケース解説 ▶ **候補者届出政党であるA党の選挙運動用ポスターに、比例代表選挙においては名簿届出政党等であるB党への投票を依頼する文言を記載することができるか**
あくまで候補者届出政党たるA党の選挙運動が主として行われ、B党への投票依頼が従として行われるものである限り、記載することができます。

▶ 候補者届出政党であるＡ党の選挙運動用ポスターに、同じく候補者届出政党であるＢ党の候補者への投票を依頼する文言を記載することができるか

また、名簿届出政党等でもあるＡ党の比例代表選挙用の新聞広告に、同じく名簿届出政党等でもあるＢ党への投票を依頼する文言を記載することができるか

わたる規定は、小選挙区選挙と比例代表選挙との間の特例規定であり、小選挙区選挙の選挙運動において他の候補者届出政党の候補者の選挙運動を行うことや、比例代表選挙の選挙運動において他の名簿届出政党等の選挙運動を行うことは、量的規制等に違反することになり、認められません。

その他

罰則▶P117 ▶ **新聞・雑誌の報道評論**

選挙期日の公(告)示日から選挙の当日の間に限り、次の（1）または（2）に該当する新聞・雑誌だけが、選挙に関する報道評論を掲載することができます。その他の新聞・雑誌には、選挙に関する報道評論をいっさい載せることができません。

（1）次の①〜③の条件を満たすもの

①新聞では毎月3回以上、雑誌では毎月1回以上、号をおって定期的に有償で発行しているもの

②第3種郵便物の承認のあるもの

③選挙期日の公(告)示日の1年前（時事に関する事項を掲載する日刊新聞については6ヵ月前）から①および②の条件に適合し、引き続き発行するもの

（2）（1）に該当する新聞・雑誌を発行する者が発行する新聞・雑誌で、①および②の条件を備えているもの

ただし、点字新聞については、(1)②の条件は必要がありません。

〔公職選挙法 148条関係〕

▶ **投票所内の氏名等掲示**

投票日には、原則として投票所に候補者の氏名や名簿届出政党等の名称などが掲示されますが、掲載の順序は、小選挙区選挙については市町村の選挙管理委員会が開票区ごとに、比

例代表選挙については各都道府県の選挙管理委員会がくじで決めます。このとき、候補者や政党の代表者などはその場に立ち会うことができます。

〔公職選挙法 175条関係〕

▶ **幕間演説**

幕間演説とは、映画や演劇の幕間、青年団や婦人会の会合、会社や工場の休憩時間などに、候補者・選挙運動員・第三者などが、たまたまそこに集まっている人に向かって選挙運動のために演説することをいいます。これは、あらかじめ聴衆を集めて行う「演説会」ではなく、「街頭演説」にも当たらないため、自由に行うことができます。なお、他の選挙の投票日における制限は「演説会」や「街頭演説」と同様です。

▶ **個々面接**

電車やバスの中あるいは買い物中や道路の歩行中などに、たまたま出会った知人などにその機会を利用して口頭で選挙運動をすることを「個々面接」といい、自由に行うことができます。

▶ **電話による選挙運動**

電話による選挙運動は、原則として自由に行うことができます。ただし、認められるのは、一戸、一戸に電話をかけて投票依頼などをする方法であり、同時に数戸につながるような方法で電話をかけて選挙運動をすることはできません。

▶ **バーコードその他これに類する符号**

文書図画に記載・表示されているバーコードその他これに類する符号（QRコード等）に記録されている事項で、読取装置により映像面に表示されるものは、当該文書図画に記載・表示されているものとみなされます。
ただし、法定記載事項については、当該文書図画に記載・表示されていないものとされます。

▶ **電磁的記録媒体**

文書図画を記録した電磁的記録媒体（DVD等）の頒布は、文書図画の頒布とみなされます。

選挙運動費用

出納責任者

罰則▶P124

ポイント

▶出納責任者とは、選挙運動の収支についていっさいの責任と権限を持つ人をいいます。小選挙区選挙の候補者は、出納責任者1名を選任し、都道府県の選挙管理委員会に届け出なければなりません。出納責任者の選任届出をしないうちに、出納責任者が寄附を受けたり支出をすることはできません。

〔公職選挙法 180条・184条関係〕

▶出納責任者は、候補者が選任するのが一般的ですが、候補者自らが出納責任者になることもできます。また、候補者のほか、候補者届出政党または推薦届出者が候補者の承諾を得て出納責任者を選任し、もしくは推薦届出者が候補者の承諾を得て自ら出納責任者となることもできます。

〔公職選挙法 180条関係〕

▶出納責任者に解任や辞任などの異動があったときは、出納責任者の選任者は、都道府県の選挙管理委員会に、すぐに文書で届け出なければなりません。候補者届出政党または推薦届出者が出納責任者を解任した場合には、併せて候補者の承諾書を提出しなければなりません。

〔公職選挙法 181条・182条関係〕

▶出納責任者が死亡したり病気やけがで入院したことなどにより、その職務を遂行できない場合には、次のとおり出納責任者の職務を代行する者が選任されます。

・候補者または候補者届出政党が出納責任者を選任した場合および推薦届出者が自ら出納責任者となった場合は、候補者自身が出納責任者の職務を行います。

・推薦届出者が出納責任者を選任した場合は、当該推薦届出者が出納責任者の職務を行います。この場合において、当該推薦届出者も出納責任者の職務を遂行できない場合には、候補者が出納責任者の職務を行います。

〔公職選挙法 183条関係〕

ポイント

▶ 出納責任者は会計帳簿を作成し、候補者の選挙運動に関するすべての寄附および収支を会計帳簿に記載しなければなりません。

〔公職選挙法 185条関係〕

▶ 出納責任者以外の者が選挙運動のための寄附を受けたときは、寄附を受けた日から7日以内に（出納責任者から提出を求められたときはすぐに）、その明細書を出納責任者に提出しなければならず、提出のないときは出納責任者が提出を求めなければなりません。

また、候補者が立候補届出前に受けた寄附については、候補者の届出後直ちに出納責任者に明細書を提出しなければならないことになっています。

〔公職選挙法 186条関係〕

▶ 出納責任者は、選挙運動に関するすべての支出について支出を証明する書面（領収書など）を徴収しなければなりません。なお、自動券売機で購入した乗車券などのように通常は領収書が発行されない場合などには、例外的にこれを徴収しなくてもよいことになっています。ただしその場合には、その旨、金額、年月日、目的を記載した書面を選挙運動費用収支報告書に添付して提出しなければなりません。また、候補者や出納責任者と意思を通じて支出した者は、領収書を徴収したらすぐに出納責任者に送付しなければなりません。

〔公職選挙法 187条・188条関係〕

▶ 出納責任者は、選挙運動に関するすべての寄附および収支について記載した報告書（選挙運動費用収支報告書）を、都道府県の選挙管理委員会に、投票日から15日以内に添付資料とともに提出しなければなりません。精算後になされた寄附および収支については、その寄附および収支がなされた日から7日以内に提出しなければならないこととされています。

〔公職選挙法 189条関係〕

▶出納責任者は、会計帳簿、明細書、支出を証明する書面（領収書など）を、収支報告書を提出した日から3年間、保存しなければなりません。

〔公職選挙法 191条関係〕

法定選挙運動費用

ポイント

罰則▶P123

▶小選挙区選挙においては、候補者が選挙運動のために使うことができる費用の最高額（法定制限額）が定められています。小選挙区選挙における候補者届出政党と、比例代表選挙については、選挙運動費用の上限額はありません。

▶法定制限額は、選挙期日の公(告)示日に各都道府県の選挙管理委員会が告示しますが、あらかじめ法定制限額を知っておきたい場合には、次のように算出することができます。

$$法定制限額 = \frac{公(告)示日における選挙区内の選挙人名簿登録者数}{} \times 15円 + 固定額^*$$

*固定額は選挙区に応じて異なり、次の3通りがあります。
①固定額が2,350万円の選挙区（鹿児島県2区、沖縄県4区）
②固定額が2,130万円の選挙区（北海道6区～12区、岩手県2区、福島県3区、新潟県1区・5区、岐阜県4区、兵庫県5区・9区、島根県1区、香川県1区、愛媛県2区、長崎県2区・3区、鹿児島県4区）
③固定額が1,910万円の選挙区（その他すべての選挙区）

〔公職選挙法 194条・196条関係〕

弁当の提供

ポイント

罰則▶P122

▶ 小選挙区選挙の候補者に限り、選挙事務所で弁当を提供することができます。小選挙区選挙の候補者届出政党、比例代表選挙の名簿届出政党等は提供できません。

▶ 選挙事務所で提供できる弁当は、立候補の届出をしたときから投票日の前日までに、選挙運動員（応援弁士を含む）と労務者（選挙運動用自動車・船舶の運転手や船員を含む）に対し、選挙事務所で食べるためまたは携行するために、選挙事務所で渡すものだけに限られます。

▶ 選挙運動期間中に１人の候補者が提供できる弁当の総数（選挙事務所が１ヵ所の場合）は、次の範囲内に限られます。

総数＝45食[*]×12日分（公(告)示日から投票日前日までの日数分）

＊選挙事務所が２ヵ所の場合は63食、３ヵ所の場合は81食。

▶ 弁当の価格は、各都道府県の選挙管理委員会が告示する弁当料の範囲内でなければなりません。基準額は１人につき、１食当たり1,000円以内かつ１日当たり3,000円以内です。

〔公職選挙法 139条・197条の2関係〕

ケース解説 ▶ **弁当を１日45食以上提供してもよいか**
総数以内であれば、選挙運動期間中にどのような配分で弁当を提供してもかまいません。例えば、１人につき夕食だけと決めてより多くの人に提供したり、選挙運動の序盤は提供しないで終盤になってから多人数に提供することもできます（ただしこの場合も、１人につき提供できるのは、１食当たり1,000円以内かつ１日当たり3,000円以内に限られます）。

▶ **飲食店で運動員に飲食させることはできるか**
提供が認められているのは、選挙事務所内で渡す弁当のみです。飲食物の提供の禁止に当たり、罰せられます。

実費弁償の支給

ポイント ▶ 小選挙区選挙の候補者に限り、実費弁償の支給額に制限があります。小選挙区選挙の候補者届出政党、比例代表選挙の名簿届出政党等には制限がありません（ただし、常識的な額を超えると買収の推定を受けることとなります）。

▶ 候補者が支給できる実費弁償の額は、各都道府県の選挙管理委員会が告示する制限額の範囲内でなければなりません。1人当たりの制限額は支給対象者に応じて異なり、その基準は次のとおりです。

①選挙運動に従事する者

●鉄道賃・船賃・車賃は、実費額
●宿泊料（食事料2食分を含む）は、1夜につき12,000円
●弁当料は、1食につき1,000円、1日につき3,000円
　ただし、選挙事務所において弁当を支給した場合は、
　当該弁当の実費相当額を差し引いた額
●茶菓料は、1日につき 500円

②選挙運動のために使用する労務者

●鉄道賃・船賃・車賃は、実費額
●宿泊料（食事料を除く）は、1夜につき10,000円

＊選挙運動のために使用する労務者‥‥選挙運動を行うことなく、立候補準備行為や選挙運動に付随して行う単純な機械的労務（例えば、証紙貼り、葉書の宛名書きや発送、看板の運搬など）に従事する人です。

〔公職選挙法 197条の2、公職選挙法施行令129条関係〕

報酬の支給

ポイント

▶ 小選挙区選挙の候補者は、選挙運動のために使用する事務員・車上等運動員・手話通訳者・要約筆記者・労務者に対して、報酬を支給することができます。
なお、事務員・車上等運動員・手話通訳者・要約筆記者に対して報酬を支給する場合は、あらかじめ都道府県の選挙管理委員会に届け出る必要があります。

▶ 小選挙区選挙の候補者届出政党、比例代表選挙の名簿届出政党等も、選挙運動のために使用する事務員・車上等運動員・手話通訳者・要約筆記者・労務者に対して報酬を支給することができます。
この場合、支給対象者を届け出る必要はありません。

▶ 支給することができる報酬の1人1日当たりの制限額および制限人数は、支給対象者に応じて次のように異なります。

①選挙運動のために使用する事務員・車上等運動員・手話通訳者・要約筆記者

> ●選挙運動のために使用する事務員　　　10,000円以内
> ●車上等運動員・手話通訳者・要約筆記者　15,000円以内
> ●1日50人まで・期間内総数 250人まで

＊小選挙区選挙の候補者が支給できる報酬の額は、上記の制限額の範囲内で各都道府県の選挙管理委員会が定める額
＊選挙運動のために使用する事務員…選挙運動に関する事務に従事するために雇われた人
＊車上等運動員…いわゆる「うぐいす嬢」で、選挙運動用自動車・船舶に乗って連呼行為などの選挙運動をすることを本来の職務として雇われた人
＊小選挙区選挙の候補者届出政党と比例代表選挙の名簿届出政党等には、人数制限はありません。
＊期間内総数とは、支給者を届け出たときから投票日の前日までの間に報酬を支給できる延べ人数です。すなわち、

250人まで異なる人を届け出て報酬を支給することができます。

②選挙運動のために使用する労務者

●基本日額	10,000円以内 ただし、選挙事務所において弁当を支給した場合は、その実費相当額を差し引いた金額
●超過勤務手当	基本日額の半額以内

＊小選挙区選挙の候補者が支給できる報酬の額は、上記の制限額の範囲内で各都道府県の選挙管理委員会が定める額

＊小選挙区選挙の候補者届出政党と比例代表選挙の名簿届出政党等には、金額制限はありません（ただし、常識的な額を超えると買収の推定を受けることとなります）。

〔公職選挙法 197条の2、公職選挙法施行令129条関係〕

V

当選

当選人の決定など

当選人の決定

ポイント ▶ 小選挙区選挙では得票数のもっとも多い候補者が当選し、比例代表選挙では各政党の得票数に応じて当選人が決まります。

〔公職選挙法 95条・95条の2関係〕

小選挙区選挙 ▶ 得票数のもっとも多い候補者が当選人となります。
ただし、最多得票数の者でも、有効投票総数の6分の1以上の得票数（法定得票数）に達していなければ、当選人となることはできません。

比例代表選挙 ▶ 全国11の選挙区（ブロック）ごとに、各名簿届出政党等の得票数に応じてドント式により当選人数が配分され、各名簿届出政党等の候補者名簿の順位に従って当選人が決まります(拘束名簿式)。

ケース解説 ▶ **小選挙区選挙で得票が同数の場合は**
選挙会において、選挙長がくじで当選人を決定します。落選者は繰上補充の際の対象者となります。

重複立候補者の当選

ポイント ▶ 重複立候補者が、小選挙区選挙で当選した場合または小選挙区選挙で供託物没収点未満の得票しかなかった場合は、当該候補者は当初から比例代表選挙の候補者名簿に登載されていなかったものとみなされます。したがって、小選挙区で落選した者（供託物没収点以上の得票者に限る。）に限り、比例代表選挙で復活当選するチャンスが残されることとなります。

▶ 比例代表選挙で複数の候補者が同一順位に登載されている場合には、小選挙区選挙の惜敗率（小選挙区選挙の同じ選挙区における最多得票者の得票数に対する各重複立候補者の得票数の割合）の大きい者から順に当選人と定められます(P83参照)。

〔公職選挙法 95条の2関係〕

重複立候補者の当選順位

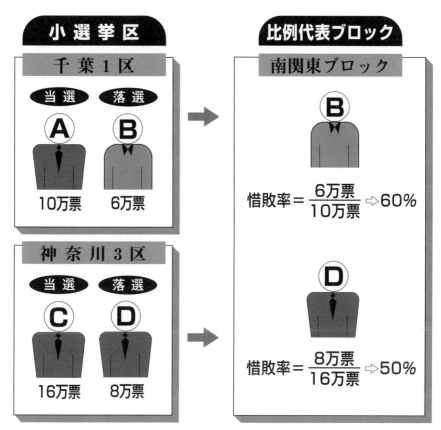

B候補とD候補は、共に○○党の候補者名簿に同一順位で登載されている重複立候補です。

●同一順位者の当選は、惜敗率の大きい人が優先されます。

$$惜敗率(\%)=\frac{本人の得票数}{最多得票者の得票数}\times100$$

D候補はB候補よりも得票数が2万票多いにもかかわらず、B候補よりも惜敗率が小さいため、当選人の決定にあたってはB候補が優先されます。

選挙期日後の挨拶行為の制限

ポイント

罰則▶P133

▶選挙が終わった後でも、選挙人に対する当選または落選の挨拶として、次の行為をしてはいけません。

①戸別訪問すること

②挨拶状を出すこと（自筆の信書または答礼目的の信書やインターネット等を利用する方法で頒布される文書図画を除く）

③感謝の言葉などを記載した文書図画を掲示すること

④新聞や雑誌に挨拶広告を出すこと

⑤テレビやラジオを通じて挨拶広告を放送すること

⑥当選祝賀会やその他の集会を開催すること

⑦自動車を連ねて往来するなど、気勢を張る行為をすること

⑧当選のお礼に、当選人の氏名や政党名などを言い歩くこと

〔公職選挙法 178条関係〕

当選人の失格など

被選挙権の喪失による当選人の失格

ポイント ▶ 当選人が議員の身分を取得するまでの間に被選挙権を失ったときは、当選の資格を失います。

〔公職選挙法 99条関係〕

所属政党等の移動による当選人の失格

ポイント ▶ 比例代表選挙における当選人が、選挙期日以後（繰上補充の場合は当選人となった日以後）に、その選挙における他の名簿届出政党等に所属したときは、当選の資格を失います。

〔公職選挙法 99条の2関係〕

兼職禁止の職にある当選人の失格

ポイント ▶ いわゆる単純労務に従事する地方公務員のように、在職のまま立候補できる公務員（P30参照）であっても、法律で衆議院議員との兼職を禁止された者が当選したときは、当選の告知を受けたときから当該公務員の職を失ったものとみなされて当選が確定します。

ただし、更正決定または繰上補充により当選人とされたときは、当選の告知を受けた日から5日以内に、小選挙区選挙に係るものにあっては各都道府県の選挙管理委員会に、比例代表選挙に係るものにあっては中央選挙管理会に、当該公務員の職を辞した旨を届け出ないと、当選の資格を失います。

〔公職選挙法 103条関係〕

ケース解説 ▶ **更正決定による当選とは**

当選争訟の結果、選挙会が当初定めた当選人の当選が無効となり、他の候補者をもって当選人と定めうる場合は、選挙会は当選人の決定のやり直しを行います。これを当選人の更正決定といい、当選争訟の手続きを経て、その結果が確定した時点で新たな当選人が決定されます。

当選無効

ポイント ▶公職選挙法に違反すれば、当選人の当選が無効となることがあります。当選が無効となるケースは、大きく分けて、候補者自身の違反行為による場合と、連座制による場合（P140〜147参照）とがあります。

候補者の違反行為による当選無効

ポイント ▶候補者自身が公職選挙法に違反して刑に処せられた場合、たとえ当選人となっても裁判の確定と同時に当選が無効となります。
ただし、一部の犯罪を除きます。

〔公職選挙法 251条関係〕

VI

寄附

公職選挙法上の寄附の制限

候補者等の寄附の禁止

ポイント

罰則▶P134

▶候補者等（候補者・立候補予定者・公職にある者）は、選挙区または選挙の行われる区域内にある者に対して、次の場合を除いて、寄附が禁止されています。

①政党その他の政治団体、またはその支部に対する寄附

　ただし、自分の後援団体には、一定期間、寄附をすることが禁止されています（P92「後援団体に関する寄附の禁止」参照）。

②候補者等の親族（配偶者、6親等内の血族、3親等内の姻族）に対する寄附

③候補者等が専ら政治上の主義や施策を普及するために選挙区または選挙の行われる区域内で行う政治教育集会（講習会など）に関する必要最小限度の実費補償（食事についての実費補償を除く）

　ただし、任期満了日の90日前または衆議院の解散の日の翌日から選挙期日の間に行われる政治教育集会については、実費補償をすることはできません。

　また、供応接待（酒食などを振る舞ったり旅行に招待することなど）を伴う政治教育集会についても、実費補償をすることはできません。

▶中元、歳暮、入学祝、出産祝、花輪、供花、香典、餞別、社会福祉施設に対する寄附なども、すべて禁止されています。ただし、候補者等本人が出席する結婚披露宴の祝儀や葬儀・通夜の香典（選挙に関するものや通常一般の社交の程度を超えるものを除く）については、その場で相手に渡す場合に限り、罰則の対象とはなりません。

▶候補者等がこれらに違反して寄附をすると、刑罰が科されるとともに、当選が無効となったり、選挙権と被選挙権が一定期間停止されることがあります（P139参照）。被選挙権を失うと、公職の候補者はその身分を失います（立候補が取り消されます）。

〔公職選挙法 11条・199条の2①・249条の2・251条・252条関係〕

ケース解説 ▶ **選挙区内の子供に寄附してもよいか**
選挙権の有無にかかわらず、選挙区または選挙の行われる区域内にある者への寄附はいっさい禁止されており、子供に対しても寄附をしてはいけません。また、選挙区内にある者には、自然人だけではなく、法人や人格なき社団、選挙区内に住所をもたない一時的な滞在者も含まれます。

▶ **「必要最小限度の実費補償」とは、例えばどのようなものか**
政治教育集会の参加者が出席するために最小限必要な交通費、宿泊費等の実費です。

▶ **候補者が出席する葬儀で香典がわりに線香を渡してよいか**
葬儀や通夜に候補者本人が出席した際に香典を手渡すことには罰則はありませんが、この場合の香典は金銭に限られます。したがって、香典がわりに線香をもっていったり、花輪や供花を出すことは罰則の対象となります。

▶ **候補者の妻が葬儀に出席して候補者の香典を渡してよいか**
候補者等が出席する場合に限って罰則を適用しないこととされているのであり、たとえ代理であっても、本人以外の人が候補者等の香典を渡すことは罰則の対象となります。

▶ **候補者が妻や後援会の名義で選挙人に寄附してもよいか**
候補者等が選挙区内にある者に対してする寄附は、名義に関係なく禁止されるため、妻や後援会などの名義であっても寄附できません。

▶ **候補者が自分の財産を国や地方公共団体に寄附してよいか**
自分の選挙区となる市区町村、その市区町村を包括する都道府県、国に対して寄附をすることはできません。

▶ **候補者が葬儀の際に僧侶にお布施を出すことは寄附になるか**
読経などの役務の提供に対する対価である限り、寄附には当たりません。

候補者等を名義人とする寄附の禁止

ポイント

罰則▶P134

▶候補者等以外の者が、候補者等の選挙区内にある者に対して、候補者等の名義で寄附をすることは、次の場合を除き、いっさい禁止されます。

①候補者等の親族（配偶者、6親等内の血族、3親等内の姻族）に対する寄附

②候補者等が専ら政治上の主義や施策を普及するために選挙区または選挙の行われる区域内で行う政治教育集会（講習会など）に関する必要最小限度の実費補償（食事についての実費補償を除く）

ただし、任期満了日の90日前または衆議院の解散の日の翌日から選挙期日の間に行われる政治教育集会については、実費補償をすることはできません。

また、供応接待（酒食などを振る舞ったり旅行に招待することなど）を伴う政治教育集会についても、実費補償をすることはできません。

〔公職選挙法 199条の2②関係〕

寄附の勧誘・要求の禁止

ポイント

罰則▶P136

▶いかなる者も、候補者等に対して、P88「候補者等の寄附の禁止」における①〜③の場合を除き、候補者等の選挙区または選挙の行われる区域内にある者に対する寄附を勧誘したり、要求してはいけません。

候補者等を威迫したり、候補者等の当選または被選挙権を失わせるために故意に勧誘したり要求すれば、罰則の対象となります。

▶いかなる者も、候補者等以外の者に対して、上記の「候補者等を名義人とする寄附の禁止」における①・②の場合を除き、候補者等の名義で候補者等の選挙区または選挙の行われる区域内にある者に寄附するように勧誘したり、要求してはいけません。

候補者等以外の者を威迫して勧誘したり要求した場合は、罰則
の対象となります。

〔公職選挙法 199条の2③・④関係〕

ケース解説 ▶ **町内会の役員が候補者に祭りへの寄附を要求してもよいか**
祭りへの寄附が地域住民の慣行となっている場合でも、候補
者等に対して、勧誘したり要求してはいけません。

候補者等の関係会社等の寄附の禁止

ポイント ▶ 候補者等が役職員や構成員である会社・その他の法人・団体
は、候補者等の選挙区内にある者に対して、候補者等の氏名
罰則▶P135 を表示して寄附をしたり、候補者等の氏名が類推されるよう
な方法で寄附をしてはいけません。
ただし、政党その他の政治団体やその支部に対する寄附につ
いては、禁止されません（政治資金規正法による制限があり
ます（P96参照））。

〔公職選挙法 199条の3関係〕

ケース解説 ▶ **「氏名が類推されるような方法」とはどのような方法か**
例えば、候補者「田中太郎」が「田中商事株式会社」の代表
取締役である場合に社名を表示して寄附をする方法などです。

▶ **候補者が会長である団体が、候補者の氏名を表示した表彰状
を選挙区内にある者に授与してもよいか**
表彰状の授与は通常は財産上の利益の供与・交付ではなく、
寄附には当たらないと考えられるため、差し支えありません。
ただし、候補者の氏名を表示した記念品などを贈ることはできま
せん。また、候補者の氏名を表示した表彰状と一緒に渡す記念品
は、氏名の表示の有無にかかわらず、贈ることはできません。

▶ **選挙に関する寄附でなくても禁止されるか**
選挙に関する寄附か否かにかかわらず、候補者等の氏名を表
示した寄附は禁止されます。選挙に関する寄附の場合は罰則
の対象ともなります。

候補者等の氏名を冠した団体の寄附の禁止

ポイント

罰則▶P135

▶候補者等の氏名が表示されていたり、その氏名が類推されるような名称が表示されている会社・その他の法人・団体は、次の場合を除き、選挙区内の者に対して、選挙に関する寄附をしてはいけません（政治資金規正法による制限があります（P95〜99参照））。
①当該候補者等に対する寄附
②政党その他の政治団体やその支部に対する寄附

〔公職選挙法 199条の4関係〕

後援団体に関する寄附の禁止

ポイント

罰則▶P136

▶後援団体とは、特定の候補者等の政治上の主義・施策を支持したり、それらの者を推薦・支持することをその政治活動のうち主たるものとしている団体をいいます。
慈善団体や文化団体などのように政治活動を主な目的としていない団体でも、その団体の行う政治活動のなかで特定の候補者等を推薦・支持することが主な活動となっている場合には、後援団体に含まれます。

▶後援団体は、候補者等の選挙区または選挙の行われる区域内にある者に対して、次の場合を除き、いっさい寄附をしてはいけません。
①当該候補者等に対する寄附
②政党その他の政治団体やその支部に対する寄附
③後援団体がその団体の設立目的により行う行事や事業に関する寄附（ただし、花輪・供花・香典・祝儀の類の寄附や、任期満了日の90日前または衆議院の解散の日の翌日から選挙期日までの間の寄附は禁止されています）

▶いかなる者も、後援団体が開催する集会や後援団体が行う見学・旅行・その他の行事で、任期満了日の90日前または衆議院の解散の日の翌日から選挙期日までの間に限り、選挙区または選挙の行われる区域内にある者に対して、金銭や物品を供与したり供応接待をしてはいけません。

▶ 候補者等は、任期満了日の90日前または衆議院の解散の日の翌日から選挙期日までの間は、自分の後援団体（資金管理団体であるものを除く）に対して寄附をしてはいけません。

〔公職選挙法 199条の5関係〕

ケース解説 ▶ **「設立目的により行う行事や事業」とはどのようなものか**
その団体の設立目的の範囲内で行う総会やその他の集会、見学・旅行・その他の行事、印刷や出版などの事業をいいます。

▶ **後援会が集会の参加者に演劇などを鑑賞させてよいか**
演劇鑑賞や温泉旅行など、相手に慰労快楽を与える行為は供応接待に当たり、禁止されます。

国等と特別の関係にある者の寄附の禁止

ポイント ▶ 国と請負契約、その他特別の利益を伴う契約を結んでいる当事者は、個人・法人を問わず、衆議院議員の選挙に関して、寄附をしてはいけません。

罰則▶P135

▶ 金融機関から会社その他の法人が融資を受けている場合で、その金融機関がその融資について、国から利子補給金の交付の決定を受けた場合には、その会社その他の法人は、交付の決定の通知を受けた日から交付完了日の１年後まで、衆議院議員の選挙に関して、寄附をしてはいけません。
ただし、会社、その他の法人が受けている融資が、試験研究、調査、災害復旧に係るものの場合には、寄附禁止の対象から除外されています。

罰則▶P136 ▶ いかなる者も、このような国と特別の関係にある者に対して、衆議院議員の選挙に関して、寄附を勧誘したり、要求してはいけません。
また、これらの者から寄附を受けることもできません。

〔公職選挙法 199条・200条関係〕

ケース解説 ▶「請負契約」にはどのようなものがあるか

土木事業などの請負契約のほか、物品の払下契約、物品の納
入契約、特定の運送契約、施設の特別使用契約などです。

▶「特別の利益を伴う契約」とはどのようなものか

利益率が通常の場合と比べて特に大きい契約や、利益率が通
常と同じ程度でも特恵的・独占的に多額の利益を得る契約な
どです。

▶「選挙に関して」とは

「選挙に際し、選挙に関する事項を動機として」という意味で
す。したがって、選挙運動資金や陣中見舞いを寄附すること
も禁止の対象となります。

▶利子補給金がまだ交付されていない会社は寄附してもよいか

利子補給金が交付される場合は、まず会社が金融機関に融資
を申請し、金融機関は国に対してその会社と利子補給金に係
る契約を結ぶことの承諾を求め、承諾が得られた後に融資が
行われます。実際に利子補給金が交付されていなくても、
国から利子補給金の交付の決定の通知を受けた時点から、そ
の会社は衆議院議員の選挙に関する寄附をできないことにな
ります。

政治資金規正法上の寄附の制限

個人の寄附の制限

ポイント

罰則▶P137・P138

▶ 個人が、政党・政治資金団体（政党のための資金援助を目的とする団体）に対して寄附できる年間限度額（総枠制限）は2,000万円です。

　1つの政党・1つの政治資金団体に対する年間限度額（個別制限）は定められていません。したがって、総枠制限の範囲内であれば自由に寄附をすることができます（P100参照）。

▶ 個人が、資金管理団体（政治家の政治資金を取り扱う政治団体）・その他の政治団体・政治家に対して寄附できる年間限度額（総枠制限）は1,000万円で、1つの資金管理団体・1つのその他の政治団体・1人の政治家に対する年間限度額（個別制限）は150万円です（P100参照）。

　ただし、政治家に対する金銭等（現金のほか、小切手、手形、商品券、株券、公社債券等の有価証券）の寄附は、選挙の陣中見舞いなど選挙運動に関する寄附を除き、禁止されています。

▶ 個人が政党その他の政治団体の構成員として負担する党費や会費は、寄附に当たらないため、金額の制限はありません。また、遺贈による寄附についても金額の制限はありません。

▶ 個人が、本人以外の名義や匿名により政治活動に関する寄附をしてはいけません。

　ただし、政党や政治資金団体に対して、街頭や一般に公開される演説会などの会場でする1,000円以下の寄附については、匿名による寄附も認められます（政党匿名寄附）。

▶ いかなる者も、以上の制限に違反して寄附を受けてはいけません。違反すれば、公民権が停止されたり、政治団体に追徴金が科せられることがあります（政治団体の構成員が違反した場合）。

〔政治資金規正法 4条・21条の2〜22条の6・28条・28条の2関係〕

会社などの団体の寄附の制限

罰則▶P137・
P138

ポイント

▶ 会社などの団体（会社、労働組合・職員団体、その他の団体）が、政党・政治資金団体に対して寄附できる年間限度額（総枠制限）は750万円～1億円です（団体の規模などに応じて異なります・P97～99参照）。
1つの政党・1つの政治資金団体に対する年間限度額（個別制限）は定められていません（P100参照）。

▶ 会社などの団体は、政党・政治資金団体以外の者に対して、寄附をすることはできません。

▶ 会社などの団体が政治団体の構成員として負担する党費や会費は、寄附とみなされるため、注意が必要です。

▶ 次のような会社などは、一定期間寄附が禁止されたり、いっさいの寄附が禁止されます。
①国や地方公共団体から補助金などを受けている法人（一定期間の寄附の禁止）
②国や地方公共団体から資本金の出資を受けている法人（寄附の禁止）
③赤字会社（寄附の禁止）
④外国法人など（寄附の禁止）
⑤匿名の者（寄附の禁止）

▶ いかなる者も、以上の制限に違反して寄附を受けてはいけません。違反すれば、公民権が停止されたり、政治団体に追徴金が科せられることがあります(政治団体の構成員が違反した場合)。

〔政治資金規正法 5条・21条～22条の6・28条・28条の2関係〕

政治団体間の寄附の制限

ポイント

▶ 個々の政治団体（政党・政治資金団体を除く）間の寄附の年間限度額は5,000万円です。

罰則▶P137

〔政治資金規正法 22条関係〕

会社の寄附の年間限度額

資本金の額または出資の金額	政党・政治資金団体に対する寄附
10億円未満	750万円
10億円以上 ～ 50億円未満	1,500万円
50億円以上 ～ 100億円未満	3,000万円
100億円以上 ～ 150億円未満	3,500万円
150億円以上 ～ 200億円未満	4,000万円
200億円以上 ～ 250億円未満	4,500万円
250億円以上 ～ 300億円未満	5,000万円
300億円以上 ～ 350億円未満	5,500万円
350億円以上 ～ 400億円未満	6,000万円
400億円以上 ～ 450億円未満	6,300万円
450億円以上 ～ 500億円未満	6,600万円
500億円以上 ～ 550億円未満	6,900万円
550億円以上 ～ 600億円未満	7,200万円
600億円以上 ～ 650億円未満	7,500万円
650億円以上 ～ 700億円未満	7,800万円
700億円以上 ～ 750億円未満	8,100万円
750億円以上 ～ 800億円未満	8,400万円
800億円以上 ～ 850億円未満	8,700万円
850億円以上 ～ 900億円未満	9,000万円
900億円以上 ～ 950億円未満	9,300万円
950億円以上 ～ 1,000億円未満	9,600万円
1,000億円以上 ～ 1,050億円未満	9,900万円
1,050億円以上	1億円

労働組合・職員団体の寄附の年間限度額

組合員または構成員の数	政党・政治資金団体に対する寄附
5万人未満	750万円
5万人以上 ～ 10万人未満	1,500万円
10万人以上 ～ 15万人未満	3,000万円
15万人以上 ～ 20万人未満	3,500万円
20万人以上 ～ 25万人未満	4,000万円
25万人以上 ～ 30万人未満	4,500万円
30万人以上 ～ 35万人未満	5,000万円
35万人以上 ～ 40万人未満	5,500万円
40万人以上 ～ 45万人未満	6,000万円
45万人以上 ～ 50万人未満	6,300万円
50万人以上 ～ 55万人未満	6,600万円
55万人以上 ～ 60万人未満	6,900万円
60万人以上 ～ 65万人未満	7,200万円
65万人以上 ～ 70万人未満	7,500万円
70万人以上 ～ 75万人未満	7,800万円
75万人以上 ～ 80万人未満	8,100万円
80万人以上 ～ 85万人未満	8,400万円
85万人以上 ～ 90万人未満	8,700万円
90万人以上 ～ 95万人未満	9,000万円
95万人以上 ～ 100万人未満	9,300万円
100万人以上 ～ 105万人未満	9,600万円
105万人以上 ～ 110万人未満	9,900万円
110万人以上	1億円

その他の団体の寄附の年間限度額

前年における年間の経費の額	政党・政治資金団体に対する寄附
2千万円未満	750万円
2千万円以上 ～ 6千万円未満	1,500万円
6千万円以上 ～ 8千万円未満	3,000万円
8千万円以上 ～ 1億円未満	3,500万円
1億円以上 ～ 1億2千万円未満	4,000万円
1億2千万円以上 ～ 1億4千万円未満	4,500万円
1億4千万円以上 ～ 1億6千万円未満	5,000万円
1億6千万円以上 ～ 1億8千万円未満	5,500万円
1億8千万円以上 ～ 2億円未満	6,000万円
2億円以上 ～ 2億2千万円未満	6,300万円
2億2千万円以上 ～ 2億4千万円未満	6,600万円
2億4千万円以上 ～ 2億6千万円未満	6,900万円
2億6千万円以上 ～ 2億8千万円未満	7,200万円
2億8千万円以上 ～ 3億円未満	7,500万円
3億円以上 ～ 3億2千万円未満	7,800万円
3億2千万円以上 ～ 3億4千万円未満	8,100万円
3億4千万円以上 ～ 3億6千万円未満	8,400万円
3億6千万円以上 ～ 3億8千万円未満	8,700万円
3億8千万円以上 ～ 4億円未満	9,000万円
4億円以上 ～ 4億2千万円未満	9,300万円
4億2千万円以上 ～ 4億4千万円未満	9,600万円
4億4千万円以上 ～ 4億6千万円未満	9,900万円
4億6千万円以上	1億円

＊ 「その他の団体」とは、各種の業界団体、宗教団体、文化団体、労働者団体、親睦団体などです（政治団体を除く）。

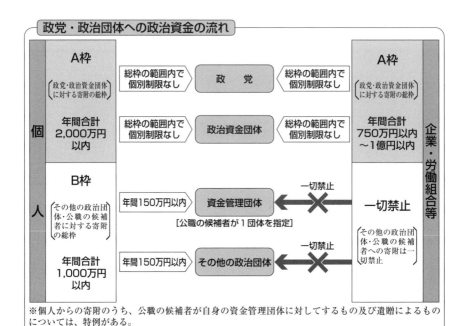

政党・政治団体への政治資金の流れ

個人

A枠
〔政党・政治資金団体に対する寄附の総枠〕
年間合計 2,000万円以内

総枠の範囲内で個別制限なし ＞ **政党** ＜ 総枠の範囲内で個別制限なし

総枠の範囲内で個別制限なし ＞ **政治資金団体** ＜ 総枠の範囲内で個別制限なし

B枠
〔その他の政治団体・公職の候補者に対する寄附の総枠〕
年間合計 1,000万円以内

年間150万円以内 ＞ **資金管理団体** ← ✕ 一切禁止

[公職の候補者が1団体を指定]

年間150万円以内 ＞ **その他の政治団体** ← ✕ 一切禁止

企業・労働組合等

A枠
〔政党・政治資金団体に対する寄附の総枠〕
年間合計 750万円以内～1億円以内

一切禁止
〔その他の政治団体・公職の候補者への寄附は一切禁止〕

※個人からの寄附のうち、公職の候補者が自身の資金管理団体に対してするもの及び遺贈によるものについては、特例がある。

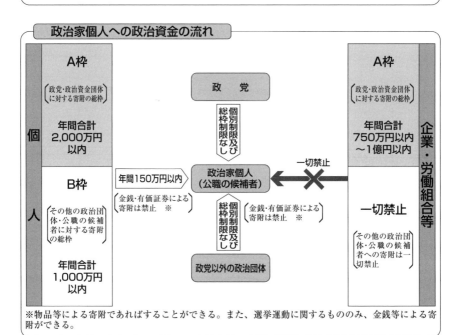

政治家個人への政治資金の流れ

個人

A枠
〔政党・政治資金団体に対する寄附の総枠〕
年間合計 2,000万円以内

B枠
〔その他の政治団体・公職の候補者に対する寄附の総枠〕
年間合計 1,000万円以内

政党

総枠制限及び個別制限なし

年間150万円以内 ＞ **政治家個人（公職の候補者）** ← ✕ 一切禁止

〔金銭・有価証券による寄附は禁止 ※〕

総枠制限及び個別制限なし

政党以外の政治団体

企業・労働組合等

A枠
〔政党・政治資金団体に対する寄附の総枠〕
年間合計 750万円以内～1億円以内

〔金銭・有価証券による寄附は禁止 ※〕

一切禁止
〔その他の政治団体・公職の候補者への寄附は一切禁止〕

※物品等による寄附であればすることができる。また、選挙運動に関するもののみ、金銭等による寄附ができる。

VII

主な
罰則等

買収罪等

普通買収罪（事前買収）

 要件 ▶ 自らが当選すること、あるいは特定の候補者を当選させること、または当選させないことを目的に、選挙人や選挙運動者に対して、金銭・物品・その他の財産上の利益や公私の職務などを供与したり、その申込みや約束をしたり、または供応接待をしたり、その申込みや約束をすること。

解説 ■■■ 「選挙運動者」とは、投票の勧誘・斡旋・誘導などを行う者のことで、単に選挙運動を依頼された者も含まれます。

「財産上の利益」とは、債務（借金）の免除、支払いの猶予、保証人になること、得意先を与えることなど、財産的な価値のあるいっさいのものを含みます。「供応接待」とは、酒食などを与えたり、演劇や旅行に招待するなど、相手に慰安や快楽を与えて歓待することをいいます。

罰則 ▶
> **3年以下の懲役・禁錮、または50万円以下の罰金**
> 〔公職選挙法221条①関係〕

利害誘導罪

 要件 ▶ 自らが当選すること、あるいは特定の候補者を当選させること、または当選させないことを目的に、選挙人や選挙運動者に対して、その者自身や、その者と関係のある社寺・学校・会社・組合・市町村などに対する用水・小作・債権・寄附・その他特殊の直接利害関係を利用して、誘導すること。

解説 ■■■ 「特殊の直接利害関係」とは、ある限られた範囲の選挙人や選挙運動者、またはその者が関係する団体にとってのみ、特別かつ直接に利害関係があることをいいます。例えば、特定の地域の選挙人に対して、当選すればその居住する場所の道路を選挙人の負担なしに舗装するよう努力し、もしこれが不可能な場合には私財を投じても舗装する旨の演説をすることなどがこれに該当します。

罰則 ▶
> **3年以下の懲役・禁錮、または50万円以下の罰金**
> 〔公職選挙法221条①関係〕

事後報酬供与罪（事後買収）

 要件 ▶ 投票や選挙運動をしたこと、またはしなかったこと、あるいはその周旋勧誘をしたことなどの報酬として、選挙人や選挙運動者に対して、金銭・物品・その他の財産上の利益や公私の職務などを供与したり、その申込みや約束をしたり、または供応接待をしたり、その申込みや約束をすること。

解説 ■ 「周旋勧誘」とは、特定の選挙に際し、候補者その他の選挙運動者等の依頼を受けまたは自発的に、選挙人あるいは選挙運動者に対して、特定の候補者に投票をし若しくは投票をしないことまたは選挙運動をし若しくは選挙運動をしないように周旋しまたは勧誘することをいいます。選挙運動員に対して、法定額の範囲内で宿泊費などの実費を弁償することはできますが、報酬を与えると、本罪に該当します（選挙運動用事務員、車上等運動員、手話通訳者および要約筆記者への報酬（P79参照）を除く）。

罰則 ▶
> **3年以下の懲役・禁錮、または50万円以下の罰金**
> 〔公職選挙法221条①関係〕

利益収受および要求罪

 要件 ▶ 金銭・物品・その他の財産上の利益、公私の職務などの供与や供応接待を受けたり、その申込みを承諾したり、またはそれらを要求すること。あるいは、利益誘導に応じたり、自ら利益誘導を促すこと。

解説 ■ 普通買収、利害誘導、事後報酬供与は、選挙人や選挙運動者などの受け手側にも罰則が科されます。すなわち、供応接待した側や利害誘導した側だけでなく、「された側」も罰せられます。もちろん、供応接待や利害誘導を自ら申し込んだり、要求してもいけません。

罰則 ▶
> **3年以下の懲役・禁錮、または50万円以下の罰金**
> 〔公職選挙法221条①関係〕

買収目的交付罪

要件 ▶ 普通買収罪、利害誘導罪、事後買収罪を犯させることを目的に、選挙運動者に対して、金銭や物品を交付したり、その申込みや約束をすること。または選挙運動者がその交付を受けたり、その申込みを要求したり、承諾したりすること。

解説 ■ 「交付」とは、選挙人又は選挙運動者に供与させるために、仲介人となる選挙運動者に金銭や物品などを寄託する行為をいいます。普通買収罪や事後報酬供与罪との違いは、選挙人や選挙運動者を買収するために、選挙運動員を仲介人として、その選挙運動員に金銭や物品を交付することが罪に問われる点です。仲介人に交付すること自体は実質的には買収の予備的行為にすぎませんが、他の買収行為と同じように処罰されます。

罰則 ▶
> **3年以下の懲役・禁錮、または50万円以下の罰金**
> 〔公職選挙法221条①関係〕

買収周旋勧誘罪

要件 ▶ これまで述べた5つの買収罪に該当する行為に関して、周旋または勧誘をすること。

解説 ■ 実質的には前述した5つの買収罪の教唆や幇助ですが、独立した罪として処罰されます。

罰則 ▶
> **3年以下の懲役・禁錮、または50万円以下の罰金**
> 〔公職選挙法221条①関係〕

選挙事務関係者等の買収罪

 ▶ 中央選挙管理会の委員やその庶務に従事する総務省の職員、参議院合同選挙区選挙管理委員会の委員やその職員、選挙管理委員会の委員やその職員、投票管理者、開票管理者、選挙長や選挙分会長、選挙事務に関係する国や地方公共団体の職員といった選挙事務関係者が、これまで述べた買収罪のいずれかを犯すこと。または、公安委員会の委員や警察官がその関係区域内の選挙に関して、同様の罪を犯すこと。

解説 ■ これまで述べたすべての買収罪に関して、犯罪の主体が選挙事務関係者などの場合には、刑が加重されています。

罰則 ▶
> **4年以下の懲役・禁錮、または100万円以下の罰金**
> 〔公職選挙法221条②関係〕

候補者等の買収罪

 ▶ 候補者、選挙運動総括主宰者、出納責任者、地域主宰者が、これまで述べた買収罪のいずれかを犯すこと。

解説 ■ 選挙事務関係者等の買収罪と同じように、犯罪の主体が候補者などの場合にも刑が加重されています。さらに、候補者等が有罪となった場合は、当選が無効となります。

罰則 ▶
> **4年以下の懲役・禁錮、または100万円以下の罰金**
> 〔公職選挙法221条③関係〕

多数人買収罪・多数人利害誘導罪

 要件 ▶財産上の利益を図ることを目的に、候補者等のために、多数の選挙人や選挙運動者に対して、買収行為をしたり、またはさせること。あるいは、買収行為を請け負ったり、または請け負わせたり、その申込みをすること。

解説 ■ 多数の人々に買収を行う"選挙ブローカー"と呼ばれる者を対象とする刑罰で、一般の買収罪に比べて刑が加重されています。候補者、選挙運動総括主宰者、出納責任者、地域主宰者が同様の罪を犯した場合には、さらに刑が加重されます。

罰則 ▶

5年以下の懲役・禁錮（選挙ブローカーなど）
6年以下の懲役・禁錮（候補者などの場合）

〔公職選挙法222条①・③関係〕

常習的買収罪

 要件 ▶普通買収罪、利害誘導罪、事後報酬供与罪、買収目的交付罪、買収周旋勧誘罪を犯した者が常習者であるとき。

解説 ■ 買収罪を犯した者が常習者である場合には、一般の買収罪に比べて刑が加重されています。

罰則 ▶

5年以下の懲役・禁錮

〔公職選挙法222条②関係〕

新聞紙・雑誌の不法利用罪

 要件 ▶特定の候補者を当選させること、または当選させないことを目的に、新聞紙や雑誌の編集・経営を担当する者に対して、金銭・物品・その他の財産上の利益を供与したり、その申込みや約束をしたり、または供応接待をしたり、その申込みや約束をして、選挙に関する報道や評論の掲載を図ること。あるいは、これらの担当者が利益を収受したり要求したり、その申込みを承諾すること。

解説 ■ 新聞紙や雑誌の持つ影響力を不法に利用しようとする者についての刑罰で、一般の買収罪に比べて刑が加重されています。

候補者、選挙運動総括主宰者、出納責任者、地域主宰者が同様の罪を犯した場合には、さらに刑が加重されます。

罰則 ▶

> **5年以下の懲役・禁錮**
> **6年以下の懲役・禁錮（候補者などの場合）**
>
> 〔公職選挙法223条の2関係〕

候補者や当選人に対する買収罪

 要件 ▶ 候補者であることや候補者になろうとすることをやめさせ、あるいは当選人であることを辞させることを目的に、買収や利害誘導を行うこと。また、立候補をとり下げたことや当選人を辞したこと、またはその周旋勧誘をしたことの報酬として、金銭など財産上の利益を供与すること。あるいは、これらの供与を受けたり、その申込みを承諾したり、これらの買収行為を周旋勧誘すること。

解説 ━ 本罪は、候補者や当選人という選出される立場にある者に不正な利益をもたらす場合を規定したものであり、一般の買収罪に比べて刑が加重されています。

一般的には、立候補を断念させたり当選を辞退させる行為は、必ずしも犯罪とはならないと考えられていますが、それらの行為が買収や特別な利害関係を利用することによって行われた場合には、選挙の公正を著しく損なうことになるために犯罪となります。

また、候補者、選挙運動総括主宰者、出納責任者、地域主宰者、選挙事務関係者等、公安委員会の委員や警察官などが同様の罪を犯した場合には、さらに刑が加重されます。

罰則 ▶
> 4年以下の懲役・禁錮、または100万円以下の罰金
> 5年以下の懲役・禁錮、または100万円以下の罰金
> （候補者などや選挙事務関係者などの場合）
>
> 〔公職選挙法223条関係〕

買収等によって得た利益の没収

 要件 ▶ これまで述べたすべての罪に関して、金銭・物品・その他財産上の利益を収受したり、交付を受けること。

解説 ━ 買収等によって受けた利益はすべて没収されますが、没収できない場合には、相当価額が追徴されます。

罰則 ▶
> 違反行為により受領した利益の没収、または追徴
>
> 〔公職選挙法224条関係〕

おとり罪・寝返り罪

おとり罪

要件 ▶ 連座制を利用して、候補者Aの当選を無効にしたり立候補の資格を失わせるために、候補者Bやその選挙運動者と意思を通じて、候補者Aの選挙運動総括主宰者、出納責任者、地域主宰者、一定の親族、秘書、組織的選挙運動管理者等を誘導したり挑発して、買収罪、利害誘導罪、選挙費用の法定額違反といった連座対象の罪を犯させること。

解説 ■ 「おとり」とは、候補者Aの当選無効などを目的に、候補者B陣営の選挙運動者などと意思を通じて、候補者A陣営の連座対象者を誘導したり挑発して、買収罪などを犯させることをいいます。

罰則 ▶
> **1年以上5年以下の懲役・禁錮**
> 〔公職選挙法224条の2①関係〕

寝返り罪

要件 ▶ 連座制を利用して、候補者Aの当選を無効にしたり立候補の資格を失わせるために、候補者Aの連座対象者である選挙運動総括主宰者、出納責任者、地域主宰者、一定の親族、秘書、組織的選挙運動管理者等が、候補者Bやその選挙運動者などと意思を通じて、買収罪、利害誘導罪、新聞紙や雑誌の不法利用罪、選挙費用の法定額違反などの連座対象の罪を犯すこと。

解説 ■ 「寝返り」とは、候補者A陣営の連座対象者が、自らの陣営の候補者Aの当選を無効にするために、候補者B陣営の選挙運動者などと意思を通じて、買収罪などを犯すことをいいます。

罰則 ▶
> **1年以上6年以下の懲役・禁錮**
> 〔公職選挙法224条の2②関係〕

選挙妨害罪

選挙の自由妨害罪

 要件

▶ 選挙に関して、次の行為をすること。
①選挙人、候補者、立候補予定者、選挙運動者、当選人に対して、暴行を加えたり、威迫したり、かどわかしたりすること。
②交通・集会・演説を妨害したり、文書図画を毀棄するなど、不正の方法で選挙の自由を妨害すること。
③利害誘導による買収罪とは反対に、特殊な利害関係を利用して不利益を加えることを予告することによって、選挙人、候補者、立候補予定者、選挙運動者、当選人に対して、威迫すること。

解説 ■■■ 特定の候補者を当選させることや当選を妨げることを目的としない場合でも、その行為の動機が広く選挙に関わるものであれば、本罪によって罰せられます。
また、選挙期日の公（告）示前の行為も対象となります。

罰則 ▶

4年以下の懲役・禁錮、または100万円以下の罰金
〔公職選挙法225条関係〕

職権濫用による選挙の自由妨害罪

 要件

▶ 公務員や行政執行法人または特定地方独立行政法人の役職員、選挙事務関係者が、故意にその職務の執行を怠り、または正当な理由がなく候補者や選挙運動者につきまとい、その住居や選挙事務所に立ち入るなど、その職権を濫用して選挙の自由を妨害すること。また、選挙人に対して、投票をしようとする候補者や投票をした候補者の氏名（比例代表選挙にあっては名簿届出政党等の名称・略称）の表示を求めること。

解説 ■■■ 「選挙事務関係者」とは、選挙管理委員会の委員や職員、投票管理者、開票管理者、選挙長、選挙分会長などをいい、故意に職務の執行を怠った場合にも本罪が適用されます。

罰則 ▶

4年以下の禁錮（自由妨害）
6ヵ月以下の禁錮、または30万円以下の罰金（氏名表示要求）
〔公職選挙法226条関係〕

多衆の選挙妨害罪

 要件 ▶ 多くの者が集まって、暴力を加えるなど選挙の自由を妨害したり、交通・集会・演説を妨げたり、投票所や開票所などの選挙施設で騒ぎ立てたりすること。

解説 首謀者、指揮者など、付和随行者（単に多数人として参加したにすぎない者）の別に応じて、処罰されます。

罰則
> 1年以上7年以下の懲役・禁錮（首謀者の場合）
> 6ヵ月以上5年以下の懲役・禁錮（指揮者などの場合）
> 20万円以下の罰金または科料（付和随行者の場合）
> 〔公職選挙法230条①関係〕

虚偽事項公表罪

 要件 ▶ 自らが当選することまたは特定の候補者を当選させることを目的に、候補者や立候補予定者の身分、職業、経歴、政党その他の団体との関係（所属・推薦・支持）などについて、虚偽の事項を公表すること。あるいは、特定の候補者を当選させないことを目的に、虚偽の事項を公表したり、事実を歪めて公表したりすること。

解説 特定の候補者の落選を目的に虚偽事項を公表する場合は、候補者本人に直接関係のある事項に限らず、例えば、「候補者の妻に贈賄の疑いがある」とか、「候補者の親族が傷害罪で起訴された」などと、候補者や立候補予定者に打撃を与えるような虚偽の事項を公表する場合も、本罪に該当します。
当選を目的として本罪を犯した場合よりも、落選を目的として本罪を犯した場合のほうが刑が重くなっています。

罰則
> 2年以下の禁錮、または30万円以下の罰金（当選目的）
> 4年以下の懲役・禁錮、または100万円以下の罰金（落選目的）
> 〔公職選挙法235条関係〕

政見放送・選挙公報の不法利用罪

 要件 ▶ 政見放送や選挙公報において、特定の候補者を当選させない ことを目的に、虚偽の事項を公表したり、事実を歪めて公表 すること。
あるいは、政見放送や選挙公報において、特定の商品を広告 したり、その他営業に関する宣伝をしたりすること。

解説 ━━ 本罪は、本来公正であるべき政見放送や選挙公報において、当選 させない目的をもって虚偽の事項を公表したり、選挙とは直接関 係のない商品の宣伝をすることなどを罰するためのものです。
虚偽事項を公表した場合と、特定の商品を宣伝した場合とでは、量 刑が異なります。

罰則 ▶
> **5年以下の懲役・禁錮、または100万円以下の罰金**
> **（虚偽事項公表）**
> **100万円以下の罰金（特定商品宣伝など）**
>
> 〔公職選挙法235条の3関係〕

氏名等の虚偽表示罪

 要件 ▶ 自らが当選すること、あるいは特定の候補者を当選させるこ とまたは当選させないことを目的に、真実に反する氏名・名 称・身分の表示をして、郵便・電報・電話またはインターネ ット等を利用する方法などで通信をすること。

罰則 ▶
> **2年以下の禁錮、または30万円以下の罰金**
>
> 〔公職選挙法235条の5関係〕

投票に関する罪

投票の秘密侵害罪

 ▶ 選挙事務関係者や立会人、代理投票の補助者や監視者などが、選挙人が投票した候補者の氏名（比例代表選挙においては名簿届出政党等の名称・略称）を表示すること（その表示した氏名等が虚偽である場合も含む）。

罰則 ▶

> **2年以下の禁錮、または30万円以下の罰金**
>
> 〔公職選挙法227条関係〕

投票干渉罪

 ▶ 投票所や開票所において、正当な理由がなく選挙人の投票を指示したり、勧誘するなど、投票に干渉すること。あるいは、候補者の氏名や名簿届出政党等の名称を認知する方法を行うこと。

罰則 ▶

> **1年以下の禁錮、または30万円以下の罰金**
>
> 〔公職選挙法228条①関係〕

投票箱開披・投票取出罪

 ▶ 投票箱閉鎖後は、開票管理者が所定の手続きによってこれを開く以外には、いかなる者も開くことができないという規定を無視して、投票箱を開いたり、投票箱から投票を取り出したりすること。

罰則 ▶

> **3年以下の懲役・禁錮、または50万円以下の罰金**
>
> 〔公職選挙法228条②関係〕

選挙人の虚偽宣言罪

 要件 ▶ 投票管理者は、投票しようとする選挙人が本人であるかどうかを確認することができないときは、本人である旨を宣言させなければならないが、この場合に虚偽の宣言をすること。

罰則 ▶
20万円以下の罰金

〔公職選挙法236条③関係〕

詐偽投票罪

 要件 ▶ 選挙人でない者が投票をすること。あるいは、氏名を偽ったり、その他詐偽の方法で投票したり、投票しようとしたりすること。

解説 ━ 選挙人でない者が投票する場合と、詐偽の方法で投票する場合とでは、量刑が異なります。

罰則 ▶
1年以下の禁錮、または30万円以下の罰金（非選挙人）
2年以下の禁錮、または30万円以下の罰金（詐偽投票）

〔公職選挙法237条①②関係〕

投票偽造・増減罪

 要件 ▶ 投票を偽造したり、投票数を増減したりすること。

解説 ━ 選挙事務関係者、立会人、代理投票の補助者や監視者などが本罪を犯した場合には、刑が加重されます。

罰則 ▶
3年以下の懲役・禁錮、または50万円以下の罰金
5年以下の懲役・禁錮、または50万円以下の罰金
（選挙事務関係者などの場合）

〔公職選挙法237条③④関係〕

詐偽登録罪

 ▶ 詐偽の方法で選挙人名簿または在外選挙人名簿に登録させること。あるいは、選挙人名簿に登録させる目的で、転入届について虚偽の届出をすることによって、選挙人名簿に登録させること。

> **6ヵ月以下の禁錮、または30万円以下の罰金**
>
> 〔公職選挙法236条①②関係〕

代理投票における記載義務違反

▶ 代理投票の補助者が、選挙人の指示する候補者の氏名または名簿届出政党等の名称・略称を記載しないこと。

> **2年以下の禁錮、または30万円以下の罰金**
>
> 〔公職選挙法237条の2関係〕

選挙の平穏を害する罪

選挙事務関係者・施設等に対する暴行罪等

 要件 ▶ 投票管理者や開票管理者、選挙長や選挙分会長、立会人や選挙監視者に暴力を加えたり脅迫すること。または投票所や開票所、選挙会場や選挙分会場を混乱させたり、投票や投票箱、その他の関係書類などを破壊したり奪い取ったりすること。

罰則 ▶
4年以下の懲役・禁錮

〔公職選挙法229条関係〕

凶器携帯罪

 要件 ▶ 選挙に関して、銃砲、刀剣、こん棒など、人を殺傷することのできるものを携帯すること。あるいは、このような凶器を携帯して、投票所や開票所、選挙会場や選挙分会場に入ること。

解説 ━━ 本罪を犯した場合には、携帯している凶器は没収されます。また、投票所などの施設に凶器を持ち込んだ場合には、刑が加重されます。

罰則 ▶
2年以下の禁錮、または30万円以下の罰金（凶器携帯）
3年以下の禁錮、または50万円以下の罰金
（投票所などでの凶器携帯）

〔公職選挙法231条①・232条・233条関係〕

選挙犯罪のせん動罪

 要件 ▶ 買収罪、選挙の自由妨害罪、投票干渉罪などの選挙犯罪を犯させる目的をもって人をせん動すること。

罰則 ▶
1年以下の禁錮、または30万円以下の罰金

〔公職選挙法234条関係〕

選挙報道・評論に関する罪

新聞紙・雑誌が選挙の公正を害する罪

 ▶①選挙に関して、新聞紙・雑誌が報道や評論を掲載する場合に、虚偽の事項を記載したり、事実を歪めて記載したりするなど、表現の自由を濫用して選挙の公正を害すること。

②選挙期間中に選挙に関する報道や評論を掲載することができる新聞紙・雑誌や機関新聞紙・機関雑誌（P45、72参照）以外の新聞紙・雑誌が、選挙期間中に、当該選挙に関して報道したり、評論を掲載したりすること。

③自らが当選すること、あるいは特定の候補者を当選させることまたは当選させないことを目的に、新聞紙・雑誌に対する編集及びその他経営上の特殊な地位を利用して、選挙に関する報道や評論を掲載したり、または掲載させたりすること。

解説 ①②の場合は、編集を実際に担当した人や経営者が罰則の対象となります。③の場合は、編集や経営上の地位を利用して報道・評論を掲載した人、及び掲載させた人が罰則の対象となります。

罰則

> 2年以下の禁錮、または30万円以下の罰金
> 〔公職選挙法235条の2関係〕

選挙放送などの制限違反

 ▶①選挙に関して、虚偽の事項を放送したり、事実を歪めて放送したりするなど、表現の自由を濫用して選挙の公正を害すること。

②政見放送・経歴放送以外に選挙運動のための放送をしたり、または放送をさせたりすること。

解説 ①の場合は、放送をした人や編集をした人が、②の場合は、放送をした人、及び放送をさせた人が罰則の対象となります。

罰則

> 2年以下の禁錮、または30万円以下の罰金
> 〔公職選挙法235条の4関係〕

選挙運動等に関する罪

選挙運動の期間制限違反

 要件 ▶ 一部の特例（P35参照）を除き、選挙運動が認められるのは、立候補の届出が受理された時から投票日の前日の午後12時まで（街頭演説や連呼行為は午後8時まで）であるにもかかわらず、それに違反すること。

解説 ■ 事前運動を行った場合は、本罪が適用されます。

罰則 ▶

> 1年以下の禁錮、または30万円以下の罰金
> 〔公職選挙法239条①関係〕

挨拶を目的とする有料広告の禁止違反

 要件 ▶ 候補者等・後援団体が、選挙区内にある者に対して、年賀、暑中見舞、慶弔、激励・感謝などの挨拶を目的とする広告を有料で新聞やビラ、パンフレット、インターネット等で頒布したり、テレビやラジオを通じて放送させたりすること。または、候補者等または後援団体の役職員・構成員を威迫して、広告の掲載や放送を要求すること。

解説 ■ 広告を掲載・放送した人と、それらの人を威迫して広告の掲載や放送を要求した人とでは、量刑が異なります。

罰則 ▶

> 50万円以下の罰金（候補者など）
> 1年以下の懲役・禁錮、または30万円以下の罰金（要求者）
> 〔公職選挙法235条の6関係〕

立候補に関する虚偽宣誓罪

 要件 ▶ 立候補しようとする人が、立候補届出の際に添付する宣誓書について、虚偽の宣誓をすること。

罰則 ▶

> 30万円以下の罰金
> 〔公職選挙法238条の2関係〕

選挙事務関係者の選挙運動の禁止違反

 要件 ▶ 投票管理者や開票管理者、選挙長や選挙分会長が、在職中に当該関係区域（選挙区など）内で選挙運動をすること。または、不在者投票管理者が、不在者投票に関して業務上の地位を利用して選挙運動をすること。

罰則 ▶

> 6ヵ月以下の禁錮、または30万円以下の罰金
> 〔公職選挙法241条関係〕

特定公務員の選挙運動の禁止違反

 要件 ▶ 中央選挙管理会の委員やその庶務に従事する総務省の職員、参議院合同選挙区選挙管理委員会の職員、選挙管理委員会の委員や職員、裁判官、検察官、会計検査官、公安委員会の委員、警察官、収税官吏・徴税吏員が、在職中に選挙運動をすること。

罰則 ▶

> 6ヵ月以下の禁錮、または30万円以下の罰金
> 〔公職選挙法241条関係〕

教育者の地位利用による選挙運動の禁止違反

 要件 ▶ 学校教育法に規定する学校（小学校、中学校、義務教育学校、高等学校、中等教育学校、高等専門学校、大学、特別支援学校、幼稚園）や幼保連携型認定こども園の長や教員が、学校の児童・生徒・学生に対する教育上の地位を利用して選挙運動をすること。

罰則 ▶

> 1年以下の禁錮、または30万円以下の罰金
> 〔公職選挙法239条①関係〕

年齢満18歳未満の者の選挙運動の禁止違反

 要件　▶年齢満18歳未満の者が、選挙運動をすること。または、年齢満18歳未満の者を使用して選挙運動をすること。

罰則　▶
> **1年以下の禁錮、または30万円以下の罰金**
> 〔公職選挙法239条①関係〕

選挙犯罪者等の選挙運動の禁止違反

 要件　▶公職選挙法または政治資金規正法に違反して選挙権・被選挙権を失った者が、選挙運動をすること。

罰則　▶
> **1年以下の禁錮、または30万円以下の罰金**
> 〔公職選挙法239条①関係〕

公務員等の地位利用による選挙運動の禁止違反

 要件　▶次の者が、その地位を利用して選挙運動をしたり、選挙運動の類似行為をすること。
①国や地方公共団体の公務員
②行政執行法人または特定地方独立行政法人の役員・職員
③沖縄振興開発金融公庫の役員・職員

罰則　▶
> **2年以下の禁錮、または30万円以下の罰金**
> 〔公職選挙法239条の2②関係〕

戸別訪問の禁止違反

 要件 ▶ 特定の候補者や立候補予定者に投票することを依頼したり、または投票しないよう依頼したりすることを目的に、戸別訪問をしたり、戸別に演説会の開催などの告知をしたり、特定の候補者などの氏名を言い歩いたりすること。

罰則

> **1年以下の禁錮、または30万円以下の罰金**
>
> 〔公職選挙法239条①関係〕

署名運動の禁止違反

 要件 ▶ 特定の候補者の投票を得ること、または投票を得させないことを目的に、選挙に関する署名を集めること。

罰則

> **1年以下の禁錮、または30万円以下の罰金**
>
> 〔公職選挙法239条①関係〕

人気投票の公表の禁止違反

 要件 ▶ どの候補者が選挙で当選するか、比例代表選挙における各名簿届出政党の当選者数などを予想する人気投票を行い、その経過や結果を公表すること。

解説 ━━ 公表媒体が新聞・雑誌の場合は、実際に編集を担当した者や新聞・雑誌の経営者が罰則の対象となります。放送による場合には、編集を担当した者またはその放送をさせた者が罰則の対象となります。

罰則

> **2年以下の禁錮、または30万円以下の罰金**
>
> 〔公職選挙法242条の2関係〕

飲食物の提供の禁止違反

 要件 ▶ 選挙運動に関して、飲食物を提供すること（湯茶やこれに伴い通常用いられる程度の菓子を除く）。

解説 ■ ただし、選挙運動員に選挙事務所内で支給する弁当は、小選挙区選挙の候補者に限り法定個数の範囲内であり、かつ都道府県の選挙管理委員会が告示する弁当料の範囲内である限り、認められます（P77参照）。

罰則 ▶

> 2年以下の禁錮、または50万円以下の罰金
> 〔公職選挙法243条①関係〕

気勢を張る行為の禁止違反

 要件 ▶ 選挙運動のために、選挙人の注目を集めようと自動車を連ね、隊列を組んで往来したり、サイレンを鳴らして騒ぎ立てるなど気勢を張る行為をすること。

罰則 ▶

> 1年以下の禁錮、または30万円以下の罰金
> 〔公職選挙法244条①関係〕

連呼行為の禁止違反

 要件 ▶ 演説会場・街頭演説の場所・選挙運動用の自動車や船舶の上以外の場所で、選挙運動のために連呼行為（候補者の氏名や政党名などをくり返し言うこと）をすること。

解説 ■ 演説会場における連呼行為については時間の制限はありませんが、自動車・船舶の上で行う連呼行為については午前8時から午後8時までに限られており、また街頭演説の場合は街頭演説自体が午前8時から午後8時までに限られています。

罰則 ▶

> 2年以下の禁錮、または50万円以下の罰金
> 〔公職選挙法243条①関係〕

休憩所等の設置の禁止違反

 ▶選挙運動のために、休憩所やこれに類似する設備を設置すること。

> **30万円以下の罰金**
>
> 〔公職選挙法240条①関係〕

選挙運動費用の法定額違反

 ▶出納責任者が、都道府県の選挙管理委員会が告示する制限額を超えて、選挙運動に関する支出をしたり、させること（小選挙区選挙の場合）。

> **3年以下の禁錮、または50万円以下の罰金**
>
> 〔公職選挙法247条関係〕

収入支出に関する規制違反

▶①出納責任者選任（異動）届が提出される前に、出納責任者が候補者等のために寄附を受けたり、支出をしたりすること。

②出納責任者が、会計帳簿を備えなかったり、これに収支を記載しなかったり、あるいは虚偽の記載をしたりすること。

③出納責任者以外の者が寄附を受けたとき、7日以内に出納責任者に明細書を提出しなかったり、これに虚偽の記載をしたりすること。

④出納責任者または出納責任者から文書による承諾を得た者以外の者が立候補準備行為に要するものや、電話またはインターネット等による選挙運動に要するもの以外の選挙運動に関する支出をすること。

⑤支出をした者が、支出を証明する書面（領収書など）を徴収しなかったり、出納責任者に送付しなかったり、これに虚偽の記載をしたりすること。

⑥出納責任者が職務を果たせなくなった際に、職務代行者などに事務の引継ぎをしないこと。

⑦出納責任者が、選挙運動費用収支報告書とその他の添付書類（宣誓書・領収書等・振込明細書等）を提出しなかったり、これらに虚偽の記載をしたりすること。会計帳簿や出納責任者以外の者から提出された明細書、領収書等を選挙運動費用収支報告書の提出後3年間保存しなかったりすること。また、都道府県の選挙管理委員会または中央選挙管理会に報告又は資料の提出を求められたときに拒んだり、虚偽の報告をしたりすること。

罰則 ▶

> **3年以下の禁錮、または50万円以下の罰金**
>
> 〔公職選挙法246条関係〕

選挙事務所の制限違反

 ▶①候補者・推薦届出者・候補者届出政党・名簿届出政党等以外の者が、選挙事務所を設置すること。

②選挙事務所を設置した際や異動した際に、都道府県の選挙管理委員会または中央選挙管理会に選挙事務所設置(異動)届を届け出ないこと。

③選挙事務所の制限数に違反して、選挙事務所を設置すること。

④1つの選挙事務所につき、1日2回以上移動すること。

⑤選挙事務所を表示するために選挙管理委員会（中央選挙管理会）が交付する標札を、選挙事務所の入口に掲示しないこと。

⑥選挙の当日に、投票所、共通投票所を設けた場所の入口から半径300m以内の区域に、選挙事務所を設置していること。

⑦都道府県の選挙管理委員会または中央選挙管理会から選挙事務所の閉鎖を命じられたにもかかわらず、閉鎖命令に従わないこと。

解説 それぞれの場合に応じて、量刑が異なります。

罰則

> **20万円以下の罰金（②・⑤）**
> **30万円以下の罰金（③・④・⑥）**
> **6ヵ月以下の禁錮、または30万円以下の罰金（①）**
> **1年以下の禁錮、または30万円以下の罰金（⑦）**
>
> 〔公職選挙法239条・240条・241条・242条関係〕

自動車・船舶・拡声機の制限違反

 ▶①使用制限数を超えて使用すること。

②選挙運動用自動車・船舶に乗車・乗船する人（候補者や運転手・船員を除く）が、都道府県の選挙管理委員会が交付する腕章を着けていないこと（小選挙区選挙の候補者が使用するものに限る）。

③走行中の選挙運動用自動車から、連呼行為以外の選挙運動をすること。

④選挙運動用として自動車・船舶・拡声機を使用する際に、都道府県の選挙管理委員会・中央選挙管理会が交付する表示板を取り付けていないこと。

解説 ■ 表示違反（④）の場合は、量刑が異なります。

罰則 ▶

> **2年以下の禁錮、または50万円以下の罰金（①・②・③）**
> **1年以下の禁錮、または30万円以下の罰金（④）**
>
> 〔公職選挙法243条①・244条①関係〕

選挙運動用通常葉書の制限違反

 ▶①使用制限枚数よりも多くの葉書を使用すること。

②郵便局などで「選挙用」の表示を受けないで使用すること。

③路上で通行人に直接手渡したり、掲示するなど、郵送によらない方法で使用すること。

④無料葉書の交付を受けた候補者が、立候補届出が却下されたり、立候補を辞退した際に、未使用の葉書を返還しないこと。または、これを他人に譲渡すること。

解説 ■ 返還・譲渡禁止違反（④）の場合は、量刑が異なります。

罰則 ▶

> **2年以下の禁錮、または50万円以下の罰金（①・②・③）**
> **1年以下の禁錮、または30万円以下の罰金（④）**
>
> 〔公職選挙法243条①・244条①関係〕

選挙運動用ビラ等の制限違反

 要件 ▶①制限種類・制限枚数・制限規格を超えてビラを頒布すること。
②郵送で頒布したり、各家庭に戸別に頒布するなど、決められた方法以外の方法でビラを頒布すること。
③都道府県の選挙管理委員会が交付する証紙をビラに貼っていないこと（小選挙区選挙の場合）。
④ビラの表面に、頒布責任者と印刷者の氏名・住所など（さらに、候補者届出政党にあっては政党名を、名簿届出政党等にあっては政党名と選挙運動用ビラであることを表示する記号）を記載していないこと。
⑤回覧板その他の文書図画または看板の類を多数の者に回覧させること。

罰則 ▶
> 2年以下の禁錮、または50万円以下の罰金
> 〔公職選挙法243条①関係〕

選挙運動用電子メール等の制限違反

 要件 ▶①電子メールを送信することができない者が、送信を行うこと（送信主体制限違反）。
②電子メールを送信することが許されていない者に対して、送信を行うこと（送信先制限違反）。
③電子メールの送信を拒否した者に対して、送信を行うこと。
④電子メールに、選挙運動用電子メールである旨や送信者の氏名・名称、送信拒否通知を行うことができる旨や送信拒否通知を行う際の通知先を表示しないこと。
⑤当選を得させないために送付する電子メールに氏名・名称と電子メールアドレスを表示しないこと。

解説 表示義務違反（④⑤）の場合は、量刑が異なります。

罰則 ▶
> 2年以下の禁錮、または50万円以下の罰金（①・②・③）
> 1年以下の禁錮、または30万円以下の罰金（④・⑤）
> 〔公職選挙法243条①・244条①関係〕

選挙運動のための有料インターネット広告の制限違反

 ▶①選挙運動のための有料インターネット広告を掲載すること。
②候補者本人や第三者などが選挙運動用ウェブサイト等に直接リンクする有料インターネット広告を掲載すること。

 2年以下の禁錮、または50万円以下の罰金

〔公職選挙法243条①関係〕

新聞広告の制限違反

 ▶①制限規格や制限回数を超えて新聞広告を掲載すること。
②広告を掲載した新聞紙を、通常の方法（新聞販売業者が有償で配布することなど）以外の方法で配布したり、掲示したりすること。

 2年以下の禁錮、または50万円以下の罰金

〔公職選挙法243条①関係〕

新聞紙・雑誌の報道評論の自由違反

 ▶選挙期間中に、新聞紙や雑誌の販売業者が、選挙に関する報道・評論が掲載されている新聞紙や雑誌を、通常以外の方法（無償で行う場合を含む）で頒布したり、都道府県の選挙管理委員会が指定する場所以外のところに掲示すること。

 2年以下の禁錮、または50万円以下の罰金

〔公職選挙法243条①関係〕

ポスター・立札・看板の類の制限違反

 ▶①総選挙においては、任期満了の日の6ヵ月前の日からまたは衆議院の解散の日の翌日から選挙期日までの間に、候補者等の氏名（氏名類推事項を含む）や後援団体の名称を表示した個人または後援団体の政治活動用ポスターを掲示すること。また時期にかかわらず当該ポスターを裏打ち（☞P16）して掲示すること。

②候補者等の氏名（氏名類推事項を含む）や後援団体の名称を表示した個人または後援団体の政治活動用立札・看板の類を、個数制限・規格制限・場所制限などに違反して掲示すること。

③選挙事務所表示用のもの、個人演説会場で使用するもの、選挙運動用自動車・船舶に取り付けて使用するもの、および選挙運動用ポスターや個人演説会告知用ポスターについて、枚数制限や規格制限などに違反して掲示すること。

④選挙運動用ポスターや個人演説会告知用ポスターを、公営ポスター掲示場以外の場所に掲示すること（小選挙区選挙の候補者の場合）。

⑤選挙運動用ポスターに、都道府県の選挙管理委員会・中央選挙管理会の検印・証紙がないこと（候補者届出政党と名簿届出政党等の場合）。

⑥選挙運動用ポスターや個人演説会告知用ポスターの表面に、掲示責任者や印刷者の氏名・住所（選挙運動用ポスターであって候補者届出政党が使用するものにあっては政党名を、名簿届出政党等が使用するものにあっては政党名や選挙運動用ポスターであることを表示する記号）が記載されていないこと。

⑦選挙管理委員会の撤去命令に従わないこと（⑧⑨以外の場合）。

⑧国または地方公共団体が所有・管理する建物（公営住宅などを除く）や不在者投票管理者が管理する投票記載場所に選挙運動用ポスターを掲示したり、他人の建物などに承諾なくポスターを掲示したり、そのポスターの撤去命令に従わないこと。

⑨選挙事務所を廃止したり、選挙運動用自動車・船舶の使用をやめたり、個人演説会が終了した後などに、そのまま掲示されている文書図画について撤去命令を受けたにもかかわらず、これに従わないこと。

解説 ━ 掲示場所違反（⑧・⑨）の場合は、量刑が異なります。

罰則 ▶

> 2年以下の禁錮、または50万円以下の罰金（①〜⑦）
> 1年以下の禁錮、または30万円以下の罰金（⑧・⑨）
>
> 〔公職選挙法243条①・244条①関係〕

アドバルーン、ネオン・サイン等の禁止違反

 要件 ▶選挙運動のために、アドバルーン、ネオン・サイン・電光による表示、スライドその他の映写（屋内の演説会場内においてその演説会の開催中に掲示されるものを除く）などの類を掲示すること。

罰則 ▶

> 2年以下の禁錮、または50万円以下の罰金
>
> 〔公職選挙法243条①関係〕

禁止を免れる行為の禁止違反

 要件 ▶選挙運動期間中に、選挙運動用文書図画の頒布・掲示の禁止を免れる行為として、候補者の氏名、シンボルマーク、政党等の名称、特定の候補者を推薦・支持・反対する者の氏名を表示する文書図画を頒布・掲示すること。また、候補者の氏名、政党等の名称、候補者の推薦届出者・選挙運動員の氏名、候補者と同一戸籍内にある者の氏名を表示した年賀状、寒中見舞状、暑中見舞状などの挨拶状を当該候補者の選挙区内に頒布・掲示すること。

罰則 ▶

> 2年以下の禁錮、または50万円以下の罰金
>
> 〔公職選挙法243条①関係〕

パンフレット・書籍の頒布違反

 ▶①候補者届出政党若しくは名簿届出政党等以外の者が、国政に関する重要政策等を記載したパンフレット・書籍(以下、パンフレット等)を頒布すること。

②候補者届出政党若しくは名簿届出政党等の本部において直接発行していないもの、総務大臣に届け出ていないものを頒布することや制限種類を超えて頒布すること。

③パンフレット等に当該候補者届出政党若しくは名簿届出政党等の代表者以外の候補者・名簿登載者の氏名または写真等の氏名類推事項を掲載して頒布すること。

④パンフレット等の表紙に、候補者届出政党若しくは名簿届出政党等の名称、頒布責任者と印刷者の氏名および住所(法人の場合は名称および所在地)ならびに届出を行ったパンフレット等である旨を表示する記号を表示しないで頒布すること。

⑤郵送で頒布したり、各家庭に戸別に頒布するなど、決められた方法以外の方法で頒布すること。

解説 ■ 当該候補者届出政党若しくは名簿届出政党等の役職員・構成員として違反行為をした場合に罰則の対象とされます。

罰則 ▶

> ## 2年以下の禁錮、または50万円以下の罰金
> 〔公職選挙法243条①②関係〕

特殊乗車券の制限違反

 ▶特殊乗車券の交付を受けた候補者が、立候補届出が却下されたり、立候補を辞退した際に、未使用の特殊乗車券を返還しないこと。または、これを他人に譲渡すること。

罰則 ▶

> ## 1年以下の禁錮、または30万円以下の罰金
> 〔公職選挙法244条①関係〕

個人演説会等・街頭演説の制限違反

 要件 ▶ ①選挙運動のために、個人演説会・政党演説会・政党等演説
会以外の演説会を開催すること。

②これらの演説会の開催中に、都道府県の選挙管理委員会・
中央選挙管理会が交付する表示板を付けた立札・看板の類
を、会場の前に掲示しておかないこと。また、これ以外の
文書図画を会場外に掲示すること。

③移動しながら街頭演説をすること。

④都道府県の選挙管理委員会または中央選挙管理会が交付
する標旗を掲げずに、または候補者届出政党若しくは名簿
届出政党等の選挙運動用自動車または船舶で停止してい
るものの車上・船上・その周辺以外の場所で街頭演説を
すること。

⑤街頭演説に従事する選挙運動員が、交付された腕章をつけ
ないこと（小選挙区選挙の候補者の場合）。

⑥他の選挙の投票日（投票所の閉鎖時間までの間）に、その
投票所、共通投票所を設けた場所の入口から 300ｍ以内の
区域で、個人演説会などを開催したり、街頭演説や、連呼行
為をすること。

⑦国または地方公共団体が所有・管理する建物や電車・バ
ス・船舶などの交通機関の中、電車やバスの停車場、鉄道
の敷地内、病院、診療所、その他の療養施設で演説をした
り、連呼行為をすること。

⑧街頭演説の際に標旗の提示を拒んだり、午前 8 時から午後
8 時まで以外の時間帯に街頭演説をすること。

解説 ━━ 夜間演説等の禁止違反（⑧）の場合は、量刑が異なります。

罰則 ▶

> **2 年以下の禁錮、または50万円以下の罰金**
> **1 年以下の禁錮、または30万円以下の罰金（夜間演説等）**
> 〔公職選挙法243条①・244条①関係〕

選挙期日後の挨拶行為の制限違反

 ▶ 選挙期日後に、当選または落選の挨拶として、戸別訪問をしたり、挨拶状（答礼のためにする自筆の信書やインターネット等を利用する方法により頒布される文書図画などを除く）を出したり、テレビや新聞・雑誌に挨拶広告を出したり、当選祝賀会やその他の集会を開いたりすること。

罰則 ▶

> **30万円以下の罰金**
>
> 〔公職選挙法245条関係〕

選挙時の政治活動の規制違反

 ▶ ①選挙期日の公示の日から投票日までの間、政党その他の政治活動を行う団体の役職員や構成員が、政談演説会・街頭政談演説の開催、ポスターおよび立札・看板の類の掲示、ビラの頒布、宣伝告知のために政治活動用自動車・拡声機の使用、連呼行為、特定の候補者の氏名（氏名類推事項を含む）を記載した文書図画（新聞・雑誌・インターネット等を利用する方法による頒布を除く）の掲示・頒布、国または地方公共団体が所有・管理する建物（公営住宅などを除く）への文書図画（新聞・雑誌を除く）の頒布（郵便等・新聞折込みの方法による頒布を除く）を行うこと。

②選挙期日の公示の日から投票日までの間、政党その他の政治団体の役職員や構成員が、当該選挙に関する報道・評論が掲載された機関新聞紙・機関雑誌を通常以外の方法で頒布したり、当該選挙に関する報道・評論の掲載が禁止されている機関新聞紙・機関雑誌を発行すること。

罰則 ▶

> **100万円以下の罰金**
>
> 〔公職選挙法252条の3①関係〕

寄附の制限に関する罪

候補者等の寄附の禁止違反

 要件

▶ ①候補者等が、選挙区内にある者に対して、選挙に関する寄附を行うこと（政党等や親族への寄附、選挙区内で行われる政治教育集会に関する必要最小限度の実費補償を除く）。または、選挙に関しないものであっても通常一般の社交の程度を超えて寄附をすること。

②候補者等が、選挙区内にある者に対して、選挙に関しないもので、かつ、通常一般の社交の程度を超えない寄附を行うこと（候補者等本人が出席する結婚披露宴の祝儀や葬式・通夜の香典を除く）。

解説

選挙に関する寄附は、選挙に関しない寄附よりも刑が加重されています。

また、②については、候補者等本人が出席して、その場で渡す結婚披露宴の祝儀や葬式・通夜の香典であっても、通常一般の社交の程度を超えるものは、①と同様の罰則が科せられます。

罰則

> **1年以下の禁錮、または30万円以下の罰金（①）**
> **50万円以下の罰金（②）**
>
> 〔公職選挙法249条の2①②③関係〕

候補者等を名義人とする寄附の禁止違反

 要件

▶ 候補者等以外の者が、候補者等の選挙区内にある者に対して、候補者等の名義で寄附を行うこと（候補者等の親族への寄附、選挙区内で行われる政治教育集会に関する必要最小限度の実費補償を除く）。

解説

会社や後援会などの団体が違反した場合には、その役職員または構成員として違反した者が罰則の対象となります。

罰則

> **50万円以下の罰金**
>
> 〔公職選挙法249条の2④関係〕

候補者等の関係会社等の寄附の禁止違反

 ▶候補者等が役職員や構成員である会社・その他の法人・団体が、選挙に関して、候補者等の氏名を表示し又は候補者等の氏名が類推されるような方法で、選挙区内にある者に対して寄附をすること（政党などへの寄附を除く）。

> 50万円以下の罰金
>
> 〔公職選挙法249条の3関係〕

候補者等の氏名を冠した団体の寄附の禁止違反

 ▶候補者等の氏名や氏名類推事項を冠した会社・その他の法人・団体が、選挙に関して、選挙区内にある者に対して寄附をすること（当該候補者等、政党などへの寄附を除く）。

> 50万円以下の罰金
>
> 〔公職選挙法249条の4関係〕

国等と特別の関係にある者の寄附の禁止違反

 ▶①国と請負契約などの特別な利益を伴う契約を結んでいる者が、衆議院議員選挙に関して、寄附をすること。
②国から利子補給金の交付の決定を受けた金融機関から融資を受けている会社その他の法人が、衆議院議員選挙に関して、利子補給金の交付の日から1年以内に寄附をすること。

> 3年以下の禁錮、または50万円以下の罰金
> （会社その他の法人については、役職員として当該違反行為をした者）
>
> 〔公職選挙法248条①②関係〕

後援団体に関する寄附の禁止違反

 要件 ▶ ①後援団体が、選挙区内にある者に対して寄附を行うこと（候補者等への寄附、政党などへの寄附、衆議院議員の任期満了日の91日前までまたは衆議院の解散の日までにその後援団体の設立目的により行う行事や事業に関する寄附を除く）。

②後援団体の総会その他の集会・見学・旅行などの行事において、任期満了日の90日前または衆議院の解散の日の翌日から選挙期日の間に、選挙区内にある者に対して、金銭や物品などを供与したり、供応接待をすること。

③候補者等が、任期満了日の90日前からまたは衆議院の解散の日の翌日から選挙期日の間に、自分の後援団体（資金管理団体を除く）に対して、寄附をすること。

罰則 ▶

> **50万円以下の罰金**
>
> 〔公職選挙法249条の5関係〕

寄附の勧誘・要求の禁止違反

 要件 ▶ ①国と請負関係にある会社などや、国から利子補給金の交付の決定を受けている金融機関から融資を受けている会社などに対して、選挙に関して寄附を勧誘したり、要求したり、または寄附を受けること。

②候補者等を威迫して、選挙区内にある者に対する寄附を勧誘したり、要求すること。

③候補者等の当選を無効にさせたり、被選挙権を停止させる目的で、寄附を勧誘したり、要求すること（一定の場合を除く）。

④候補者等以外の者を威迫して、候補者等の名義で選挙区内にある者に寄附するように勧誘したり、要求すること。

解説 ■ それぞれの場合に応じて、量刑が異なります。

罰則 ▶

> **1年以下の懲役・禁錮、または30万円以下の罰金（②・④）**
> **3年以下の禁錮、または50万円以下の罰金（①）**
> **3年以下の懲役・禁錮、または50万円以下の罰金（③）**
>
> 〔公職選挙法249条・249条の2⑤⑥⑦関係〕

寄附の量的制限違反（政治資金規正法）

 要件
▶ ①個人や会社などの団体が、それぞれの制限額などの規定に
違反して、寄附をすること。
②政治団体や公職の候補者などが、個人や会社などの団体か
ら、制限額を超えて寄附を受けること。
③会社などの団体に対して、政党・政治資金団体以外の者（公
職の候補者や後援団体など）への寄附を勧誘したり、要求
すること。

解説
寄附の量的制限などの規定の概要は、次のとおりです。

寄附者	寄附の受領者	総枠制限／個別制限
個人	政党・政治資金団体	2000万円／なし
	資金管理団体 その他の政治団体 公職の候補者＊	1000万円／150万円
会社など の団体	政党・政治資金団体	750万〜1億円／なし
政治団体 （政党及び 政治資金 団体以外）	政党・政治資金団体 公職の候補者＊	なし／なし
	資金管理団体 その他の政治団体	なし／5000万円

＊公職の候補者への金銭・有価証券による寄附は、選挙運動に関するものを除き、禁止されています。

団体の役職員や構成員が違反した場合には、その行為者を罰
するほか、その団体に対しても罰金刑が科せられます（両罰
規定）。また、違反行為により受領した寄附は没収または追徴
されます。

罰則
> 1年以下の禁錮、または50万円以下の罰金（行為者）
> 50万円以下の罰金（団体）
>
> 〔政治資金規正法26条関係〕

寄附の質的制限違反（政治資金規正法）

 要件 ▶ ①外国人、外国法人、その主たる構成員が外国人や外国法人
である団体やその他の組織から、寄附を受けること（主た
る構成員が外国人又は外国法人である日本法人のうち、上
場会社であって、その発行する株式が5年以上継続して上場
されている者等からの寄附を除く）。
②本人以外の名義で寄附をしたり、本人以外の名義による寄
附を受けること。または、匿名で寄附をしたり、匿名の寄
附を受けること（政党匿名寄附を除く）。
③国から補助金、負担金、利子補給金、その他の給付金の交
付の決定を受けた会社が、交付の決定の通知を受けた日か
ら1年以内に寄附をすること（試験研究、調査、災害復旧
に係るものや、その他性質上利益を伴わない補助金などを
除く）。または、これらに対して寄附を勧誘したり、要求
すること。
④国から資本金・基本金・その他これらに準ずるものの出資
や提供を一部でも受けている会社が寄附をすること。また
は、これらに対して寄附を勧誘したり、要求すること。
⑤3事業年度にわたり継続して欠損を生じている会社（赤字
会社）が、その欠損がうめられるまでの期間中に寄附をす
ること。または、これらの寄附を受けること。

解説 ■ 団体の役職員や構成員が違反した場合には、その行為者を罰する
ほか、その団体に対しても罰金刑が科せられます（両罰規定）。
また、違反行為により受領した寄附は没収または追徴されます。
なお、⑤の赤字会社の寄附については量刑が異なります。

罰則 ▶
> **3年以下の禁錮、または50万円以下の罰金（行為者）**
> **（①〜④）**
> **50万円以下の罰金（赤字会社の行為者）（⑤）**
> **50万円以下の罰金（団体）（①〜⑤）**
>
> 〔政治資金規正法26条の2・3・28条の3関係〕

公民権停止

公職選挙法・政治資金規正法違反

ポイント ▶ 公職選挙法に規定する選挙犯罪を犯し、刑に処せられたり、または、政治資金規正法に違反し、刑に処せられたりすると、選挙権および被選挙権が一定期間停止されることがあります。

▶ 公職選挙法違反、または政治資金規正法違反の罪を犯した者は、それぞれの罪状に応じて処罰されますが、処刑者は、さらに一定期間、選挙権および被選挙権（公民権）が停止され（一部を除く）、投票することも立候補することもできず、また選挙運動をすることもできません（連座制の適用により当選無効・立候補制限を受けた候補者は、公民権を停止されるものではありません）。衆議院議員が被選挙権を失えば、国会法により、その職を失うことになります。停止期間は、犯した罪や刑罰の種類によって異なります。

罰則 ▶

【原則的な停止期間】
- 罰金刑の場合／裁判が確定した日から5年
- 罰金刑の執行猶予の場合／裁判が確定した日から刑の執行を受けることがなくなるまでの間
- 禁錮以上の刑の場合／裁判が確定した日から刑の執行が終わるまでの実刑期間と、さらにその後の5年間
- 禁錮以上の刑の執行猶予の場合／裁判が確定した日から刑の執行を受けることがなくなるまでの間
- 買収罪や利害誘導罪などの累犯者／裁判が確定した日から刑の執行が終わるまでの実刑期間と、さらにその後の10年間（罰金刑に処せられた者については、裁判が確定した日から10年間）

〔公職選挙法252条関係、政治資金規正法28条関係〕

連座制

連座制とは

ポイント ▶ 連座制とは、候補者等と一定の関係にある者（親族など）や選挙運動で重要な役割を果たす者が、買収罪などの悪質な選挙違反を犯して刑に処せられた場合には、たとえ候補者等が買収などに関わっていなくても、当選が無効になるとともに、一定の立候補制限が科せられる制度です。

連座制Ⅰ（総括主宰者・出納責任者・地域主宰者）

ポイント ▶ 総括主宰者・出納責任者・地域主宰者が、次の①〜⑤の選挙犯罪を犯し、刑（執行猶予を含む。）に処せられると、裁判所から候補者にその旨が通知されます。候補者は通知を受けた日から30日以内に、検察官を被告として、これらの者が総括主宰者・出納責任者・地域主宰者に該当しないことなどを理由として、当選が無効とならないこと、または立候補制限が科せられないことの確認を求める訴訟を高等裁判所に提訴することができます。この訴訟に勝訴しない限り、候補者の当選は無効となり、さらに同じ選挙で同じ選挙区から5年間立候補できなくなります。したがって、通知を受けた日から30日以内に提訴しなかったり、途中で訴えを取り下げたり、原告の敗訴が確定した場合は、ただちに候補者の当選が無効となります（結審前は無効ではありません）。

ただし、総括主宰者・出納責任者・地域主宰者が、いわゆるおとり行為や寝返り行為（P109参照）により選挙犯罪を犯した場合には、重複立候補者で小選挙区選挙に関して連座が適用された場合の比例代表選挙における当選は無効とならず、立候補制限も科せられません。

①買収・利害誘導罪（公選法221条）

②多数人買収・多数人利害誘導罪（公選法222条）

③公職の候補者や当選人に対する買収・利害誘導罪（公選法223条）

④新聞紙・雑誌の不法利用罪（公選法223条の2）

⑤選挙費用の法定額違反（出納責任者のみ）（公選法247条）

※それぞれの罰則についてはP102以降参照

〔公職選挙法 210条、251条の2・5関係〕

ケース解説 ▶ **総括主宰者や地域主宰者とはどのような者か**

総括主宰者とは、選挙運動の全体をとりまとめる者をいいます。また、地域主宰者とは、一部の地域の選挙運動をとりまとめる者を指します。

連座制Ⅱ（親族・秘書・公務員等）

ポイント ▶候補者等の親族や秘書で、候補者等・総括主宰者・地域主宰者と意思を通じて選挙運動をしたものが、前出「連座制Ⅰ」の①～④の罪を犯し、禁錮以上の刑（執行猶予を含む。）に処せられると、候補者等の当選は無効となり、さらに同じ選挙で同じ選挙区から5年間立候補できないことになります。

ただし、親族や秘書が、いわゆるおとり行為や寝返り行為により選挙犯罪を犯した場合には、重複立候補者で小選挙区選挙に関して連座が適用された場合の比例代表選挙における当選は無効とならず、立候補制限も科せられません。

〔公職選挙法 251条の2関係〕

▶国または地方公共団体の公務員、行政執行法人または特定地方独立行政法人の役職員、公庫の役職員だった人が、これらの職を離職した日から3年以内に行われる国会議員の選挙のうち最初に立候補した選挙に当選した場合、その人と職務上関係のあった公務員などが、その当選人の選挙運動のために前出「連座制Ⅰ」の①～④の罪のほか一定の選挙犯罪を犯して刑に処せられたときは、その当選人の当選は無効となります。

ただし、立候補制限は科せられませんし、比例代表選挙の当選人には適用されません。

〔公職選挙法 251条の4関係〕

▶ただし、上記の連座については、選挙犯罪についての刑事裁判が確定すると直ちに適用されるのではなく、刑事裁判が確定後、検察官が、候補者等を被告として、刑が確定した日から30日以内に、当選無効や立候補制限について高等裁判所に提訴し検察官が勝訴したときに適用されます。

〔公職選挙法 211条・251条の5関係〕

ケース解説 ▶ **親族や秘書とはどのような人か**

親族とは、候補者や立候補予定者の父母、配偶者、子、兄弟
姉妹を指します。秘書とは、候補者や立候補予定者に使用さ
れ、政治活動を補佐する者をいいます。

連座制 Ⅲ（組織的選挙運動管理者等）

ポイント ▶ 組織的選挙運動管理者等が、前出「連座制Ⅰ」の①～④の罪
を犯し、禁錮以上の刑（執行猶予を含む。）に処せられると、
検察官は、候補者等を被告として、刑が確定した日から30日
以内に、当選無効や立候補制限について高等裁判所に提訴し
ます。この起訴の結果、選挙犯罪を犯した者が組織的選挙運
動管理者等であることなどが認められれば、候補者等の当選
は無効となり、さらに同じ選挙で同じ選挙区から5年間立候
補できないことになります。したがって、候補者等の当選が
無効になるのは、組織的選挙運動管理者等が刑に処せられた
ときではなく、その後の訴訟で検察官が勝訴したときです。た
だし、次の場合には、候補者等の当選は無効とならず、立候
補制限も科せられません。

①組織的選挙運動管理者等が、いわゆるおとり行為や寝返り
　行為により選挙犯罪を犯したとき

②組織的選挙運動管理者等が選挙犯罪を犯さないよう、候補
　者等が相当の注意を怠らなかったとき

▶ 組織的選挙運動管理者等とは、候補者等と意思を通じて組織
により行われる選挙運動において選挙運動の計画の<u>立案・調
整</u>を行う者、選挙運動に従事する者たちの指揮・監督を行う
者、その他選挙運動の管理を行う者をいいます。

〔公職選挙法 211条・251条の3・5関係〕

ケース解説 ▶ **「選挙運動の計画の立案・調整を行う者」とは**

選挙運動全体の計画を立てたり、その調整を行う者のほか、ビ
ラ配り、ポスター貼り、個人演説会などの計画を<u>立案・調整</u>
する者をいいます。いわば司令塔の役割を担う者です。

▶**「選挙運動に従事する者たちの指揮・監督を行う者」とは**

ビラ配り・ポスター貼り、個人演説会の会場設営、電話作戦などに当たる者を、指揮したり、監督したりする者をいいます。いわば前線のリーダーの役割を担う者です。

▶**「その他の選挙運動の管理を行う者」とは**

選挙運動に従事する者への弁当の手配、車の手配、個人演説会場の確保などの管理をする者をいいます。いわば後方支援活動の管理を担う者です。

▶**「組織」にはどのようなものが含まれるか**

例えば、政党、政党の支部、政党の青年部・婦人会、候補者等の後援会、系列の地方議員の後援会、地元事務所、選挙事務所、政治支援団体などです。

▶**会社や町内会などは「組織」に含まれるか**

会社、労働組合、宗教団体、協同組合、業界団体、青年団、同窓会、町内会など、本来は政治活動や選挙運動以外の目的で存在していると思われる団体でも、特定の候補者等を当選させるために、構成員が相互に役割を分担し、協力し合って選挙運動を行う場合には「組織」に該当します。

▶**「意思を通じて」とはどのようなことか**

「意思を通じて」とは、意思の連絡が明らかにある場合に限らず、組織ぐるみで選挙運動を行うことについて暗黙の了解がある場合も含まれます。例えば、ある候補者が選挙のたびごとに組織ぐるみで選挙運動を行っており、選挙運動の管理を担当する者と"今回もよろしく"程度のやりとりがあった場合でも、「意思を通じて」いるとみなされることがあります。

連座制判例Ⅰ：秘書の選挙犯罪による連座制

判例

最高裁は平成10年11月、平成8年の衆院選和歌山3区で落選・比例近畿ブロックで当選したB氏に対し、選挙違反を行った地元事務所職員が「秘書」に該当するとして連座制を適用した一審判決を支持し、B氏側の上告を棄却。これにより、B氏の当選無効と和歌山3区からの5年間の立候補禁止が確定した。本件は、拡大連座制導入後、現職の国会議員が連座制の適用により失職した初めてのケースである。

【経緯】
・判決などによると、この事務所職員は、後援会幹部にB氏や自民党への投票の取りまとめなどの報酬として百万円を渡し、公職選挙法違反（買収罪）に問われ、最高裁で執行猶予つきの有罪が確定。これを受けて大阪高検が行政訴訟を提起し、この事務所職員が秘書に該当するとして、B氏の当選無効などを求めた。
・一審・大阪高裁判決は、この事務所職員について、①秘書の肩書の名刺を使用していた、②地元の公的行事や支持者の冠婚葬祭にB氏の代理として出席していた、などの事実を挙げて「この職員は単純に東京からの指示に基づいて動く連絡係のような軽い存在ではない」と認定。
・B氏は「3人の公設秘書以外は秘書の仕事をしていない」と主張したが、「候補者が秘書またはそれに類似する名称を使用していることを容認している者も秘書と推定する」とし、事務職員の「秘書性」を認定した上で、高検側の訴えを全面的に認める判決を下していた。

連座制判例Ⅱ：組織的選挙運動管理者等の選挙犯罪による連座制

判例

最高裁は平成9年3月、平成7年の統一地方選挙で当選した青森県のC氏を支援した住宅販売会社の社長（当時）らが会社ぐるみで選挙違反を行ったとして、これらを組織的選挙運動管理者等に該当するとした一審判決を支持し、県議の上告を棄却。これにより、C氏の当選無効と同一選挙区からの5年間の立候補禁止が確定した。本件は、拡大連座制導入後、連座制が企業の選挙違反に適用された初めてのケースである。

【経緯】

・判決などによると、この社長は、会社を挙げてC氏を支援するよう会社幹部に指示した上、約30人の下請け業者を集めた慰労会を開催し、そこに県議を呼んで業者たちに票の取りまとめを依頼するなどした。

・このため、社長と会社幹部2人が供応接待をしたとして公職選挙法違反に問われ、3人とも執行猶予つきの有罪判決が確定。これを受けて仙台高検が行政訴訟を提起し、3人が組織的選挙運動管理者等に該当するとして、C氏の当選無効などを求めた。

・一審・仙台高裁判決は、①役割を分担して朝礼や慰労会名目での会食を計画した、②県議に挨拶の場を提供し、従業員や下請け業者に対して社長自らが県議への投票を訴えた、などの事実を挙げて「同社が組織として選挙運動を行っており、会社社長らは組織的選挙運動管理者にあたる」とし、高検側の訴えを全面的に認める判決を下していた。

連座制判例 Ⅲ：組織的選挙運動管理者等の選挙犯罪による連座制

判例

名古屋高裁金沢支部は平成11年4月、平成10年3月の石川県議補欠選挙で当選したA氏の選対本部を実質的に統括していたB氏が買収罪を犯して懲役刑に処せられたことに関し、B氏を組織的選挙運動管理者等に該当するとして、A氏の当選無効と石川県議選における金沢市選挙区からの5年間の立候補禁止を決定。本件は、拡大連座制導入後、連座制の免責条項である「相当の注意」に対する解釈が問われたケースである。

【経緯】

・判決などによると、B氏は選挙期間以前から期間中にかけて、A氏の選挙運動者らに対し、投票の取りまとめなどの報酬として現金を供与。これにより、B氏は買収罪を犯したとして懲役1年・執行猶予5年の刑が確定した。これを受けて検察側が行政訴訟を提起し、B氏が組織的選挙運動管理者等に該当するとして、A氏の当選無効などを求めた。

・これに対してA氏は、日頃から選対本部長が公明正大な選挙の必要性を説いており、また自らも同様の考えであり、「相当の注意を怠らなかった」などと主張。

・A氏の主張に対して同高裁は、「相当の注意を怠らなかったというためには、B氏が買収罪に及ばないよう、B氏に対する直接的で不断かつ周到な注意が求められる。しかし、A氏自身がB氏に対して、あるいは選対本部長がA氏の指示を受けてB氏に対して、そのような注意を行っていたとは認められない」と述べ、組織的選挙運動管理者等の抽象的な注意だけでは「相当の注意を怠らなかった」ことには当たらないとした。

連座制の対象者・要件・効果

対象者	要件
総括主宰者	買収罪等の悪質な選挙犯罪を犯し、罰金以上の刑に処せられた場合（執行猶予を含む）
出納責任者	
地域主宰者	
親族	買収罪等の悪質な選挙犯罪を犯し、禁錮以上の刑に処せられた場合（執行猶予を含む）
秘書	
組織的選挙運動管理者等	

効果	①当選無効 ②同一選挙の同一選挙区から5年間立候補禁止（公務員等以外）

＊要件となる選挙犯罪の種類
　買収罪・利害誘導罪、多数人買収罪・多数人利害誘導罪、公職の候補者や当選人に対する買収罪・利害誘導罪、新聞紙・雑誌の不法利用罪、選挙費用の法定額違反（出納責任者のみ）
＊免責条項
・おとり行為・寝返り行為
・候補者が相当の注意を怠らなかったとき（組織的選挙運動管理者等のみ）

国外における選挙犯罪

国外犯とは

ポイント ▶ 国外犯とは、日本国外で犯した場合にも処罰することとしている罪のことで、公職選挙法において規定されている国外犯には、日本国民に限って処罰の対象とする考え方（国民の国外犯）がとられています。

国外犯として処罰することとされている罪

ポイント ▶ 公職選挙法では国外犯として処罰することとされている罪として、選挙の自由と公正を確保するため、特に処罰が必要不可欠な罪を指定しています。具体的な国外犯には、主に次のような罪があります。

①選挙犯罪の中で最も選挙の公正を害し、かつ、民主主義を腐敗・堕落させるおそれの高い買収罪等

②選挙が公正に行われるための基本的条件である選挙の自由を妨害する罪

③公正な手法・手続による投票を阻害する投票干渉罪、詐偽投票罪等

④選挙人の投票に不当な影響を及ぼす公務員等の選挙運動制限違反の罪等

解説 国内においては、選挙運動について厳しい制限が課されており、定められた一定のもの以外の文書図画の頒布・掲示、戸別訪問などについては、処罰されることとされていますが、選挙公営を実施しない国外においては、日本における選挙運動の規制と同様の規制をすることは適当でないことから、ビラやポスターなどの頒布・掲示についても、行為が国外において完結する限りは規制しないこととされています。

ただし、外国人による政治活動を禁止している国もあるので、外国における選挙運動についてもそれぞれの国の法令等により許される範囲で、外国との摩擦を生じないよう行わなければなりません。

罰則

> ### 国内における選挙犯罪と同量刑
> 〔公職選挙法255条の3関係〕

289小選挙区区割り図

衆議院議員選挙の区域が改訂される25都道府県

区域が改訂される都道府県	変更される選挙区
北海道	3区、4区、5区
宮城県 (定数減)	1区、3区、4区、5区、6区
福島県 (定数減)	1区、2区、3区、4区、5区
茨城県	1区、2区、4区、6区、7区
栃木県	1区、2区、4区、5区
群馬県	1区、2区、3区、5区
埼玉県 (定数増)	1区、2区、3区、5区、6区、7区、8区、11区、12区、13区、14区、15区
千葉県 (定数増)	2区、4区、5区、6区、7区、8区、10区、11区、13区
東京都 (定数増)	1区、2区、3区、4区、5区、6区、7区、8区、9区、10区、11区、12区、13区、14区、16区、17区、18区、19区、21区、22区、23区、24区
神奈川県 (定数増)	5区、7区、8区、9区、10区、13区、14区、15区、16区、17区、18区
新潟県 (定数減)	1区、2区、3区、4区、5区、6区
岐阜県	1区、3区
静岡県	1区、2区、3区、4区、5区、6区、7区、8区
愛知県 (定数増)	5区、6区、7区、9区、10区、11区、14区
滋賀県 (定数減)	2区、3区、4区
大阪府	8区、9区
兵庫県	5区、6区
和歌山県 (定数減)	1区、2区、3区
島根県	1区、2区
岡山県 (定数減)	1区、2区、3区、4区、5区
広島県 (定数減)	1区、2区、3区、4区、5区、6区
山口県 (定数減)	1区、2区、3区、4区
愛媛県 (定数減)	1区、2区、3区、4区
福岡県	1区、4区
長崎県 (定数減)	1区、2区、3区、4区

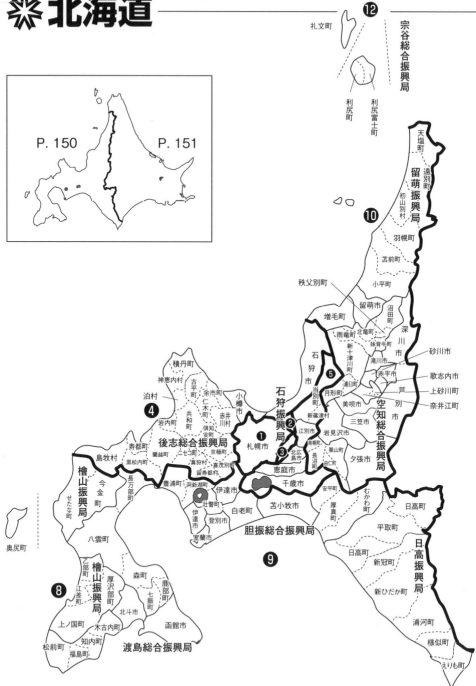

❋ 北海道

P. 150 　　 P. 151

宗谷総合振興局 ❶②

礼文町

利尻町　利尻富士町

留萌振興局

天塩町
遠別町
初山別村 ❶⓪
羽幌町
苫前町
小平町
秩父別町　留萌市
沼田町
増毛町　北竜町　深川市
雨竜町　妹背牛町　砂川市
新十津川町　滝川市　赤平市　歌志内市
浦臼町　芦別　上砂川町
奈井江町

石狩市　当別町
❺
月形町
新篠津村　美唄市
❷　江別市　岩見沢市　三笠市　空知総合振興局
石狩振興局　南幌町　由仁町
❶　北広島市　栗山町　夕張市
札幌市　❸　長沼町
恵庭市
千歳市　安平町　むかわ町
伊達市　白老町　厚真町　日高町
壮瞥町
洞爺湖町　苫小牧市　平取町
登別市　胆振総合振興局　新冠町
室蘭市　日高町　日高振興局
❾　新ひだか町

積丹町
神恵内村
泊村　古平町　余市町　小樽市
岩内町　赤井川村
共和町　仁木町
寿都町　倶知安町　安町　京極町
島牧村　蘭越町　真狩村　喜茂別町
黒松内町　ニセコ町　留寿都村　豊浦町
後志総合振興局 ❹

檜山振興局
今金町
せたな町
長万部町
八雲町

奥尻町 ❽

檜山振興局
乙部町
厚沢部町　森町
江差町　鹿部町
北斗市　七飯町
上ノ国町　木古内町　函館市
松前町　知内町
福島町　渡島総合振興局

浦河町
様似町
えりも町

150

稚内市
豊富町
猿払村
幌延町
浜頓別町
中頓別町
音威子府村
枝幸町
中川町
美深町
雄武町
宗谷総合振興局
下川町
幌加内町
名寄市
西興部村
興部町
紋別市
士別市
剣淵町
上川総合振興局
滝上町
湧別町
和寒町
鷹栖町
比布町
愛別町
オホーツク総合振興局
遠軽町
佐呂間町
東神楽町
当麻町
上川町
北見市
網走市
旭川市
東川町
訓子府町
美幌町
大空町
小清水町
斜里町
羅臼町
美瑛町
置戸町
清里町
標津町
中富良野町
上富良野町
陸別町
津別町
弟子屈町
中標津町
根室振興局
富良野市
新得町
上士幌町
足寄町
釧路市
標茶町
別海町
南富良野町
鹿追町
士幌町
本別町
鶴居村
占冠村
十勝総合振興局
清水町
音更町
池田町
浦幌町
白糠町
釧路総合振興局
釧路町
芽室町
幕別町
豊頃町
帯広市
中札内村
更別村
厚岸町
浜中町
根室市
大樹町
広尾町

択捉島
蘂取村
留夜別村
紗那村
泊村
国後島
留別村
色丹村
多楽島
志発島
色丹島
水晶島
勇留島
歯舞諸島
秋勇留島

国後島

⑥ ⑦ ⑫ ⑪

151

札幌市

第 1 区 **札幌市**［中央区、北区（本庁管内（北六条西1～9、北七条西1～10、北八条西1～11、北九条西1～11、北十条西1
～11、北十一条西1～11、北十二条西5～12、北十三条西5～12、北十四条西5～13、北十五条西6～13、北十六条
西6～13、北十七条西7～13））、南区、西区（山の手一条1～13、山の手二条1～12、山の手三条1～12、山の手
四条1～11、山の手五条1～10、山の手六条1～9、山の手七条5～8、山の手、二十四軒一条1～7、二十四軒二条1
～7、二十四軒三条1～7、二十四軒四条1～7、琴似一条1～7、琴似二条1～7、琴似三条1～7、琴似四条1～7、発
寒六条14、発寒七条14、発寒八条13＜14番に限る。＞、発寒八条14、発寒九条13＜5番から7番までに限る。＞、発
寒九条14、小別沢、宮の沢一条1～5、宮の沢二条1～5、宮の沢三条2～5、宮の沢四条3～5、宮の沢、西町南1～
21、西町北1～20、西野一条1～9、西野二条1～10、西野三条1～10、西野四条1～10、西野五条1～10、西野六条1
～10、西野七条1～10、西野八条1～10、西野九条3～9、西野十条6～9、西野十一条7～9、西野十二条8、西野十
三条8、西野十四条8、西野、福井1～10、福井、平和一条2～11、平和二条1～11、平和三条4～10、平和）］
第 2 区 **札幌市**［北区（本庁管内（北十二条西1～4、北十三条西1～4、北十四条西1～4、北十五条西1～5、北十六条西
1～5、北十七条西1～6、北十八条西2～13、北十九条西2～13、北二十条西2～13、北二十一条西2～13、北二十
二条西2～13、北二十三条西2～14、北二十四条西2～19、北二十五条西2～9、北二十五条西11～18、北二十六
条西2～9、北二十六条西12～17、北二十七条西2～16、北二十八条西2～15、北二十九条西2～15、北三十条西2
～14、北三十一条西2～14、北三十二条西2～13、北三十三条西2～12、北三十四条西2～11、北三十五条西2～
10、北三十六条西2～10、北三十七条西2～9、北三十八条西2～8、北三十九条西3～7、北四十条西4～6、新川
一条1～6、新川二条1～13、新川三条1～20、新川四条1～20、新川五条1～6、新川五条14～16、新川五条20、
新川六条14～16、新川六条20、新川七条16、新川八条17、新川西一条1～4、新川西一条6～7、新川西二条1～
7、新川西三条1～7、新川西四条3～4、新川西五条4、新川、新琴似一条1～13、新琴似二条1～13、新琴似三条
1～13、新琴似四条1～17、新琴似五条1～17、新琴似六条1～17、新琴似七条1～17、新琴似八条1～17、新琴似
九条1～16、新琴似十条1～17、新琴似十一条1～17、新琴似十二条1～17、新琴似町、屯田一条1～2、屯田二条
1～5、屯田三条1～8、屯田四条1～10、屯田五条1～12、屯田六条1～12、屯田七条1～12、屯田八条1～12、屯
田九条1～12、屯田十条1～3、屯田十一条1～3、屯田町、麻生町1～9、篠路出張所管内））、東区］

152

第 3 区　**札幌市**〔白石区（菊水一条1〜4、菊水二条1〜3、菊水三条1〜5、菊水四条1〜3、菊水五条1〜3、菊水六条1〜4、菊水七条1〜4、菊水八条1〜4、菊水九条1〜4、菊水上町一条1〜4、菊水上町二条1〜4、菊水上町三条1〜4、菊水上町四条1〜4、菊水上町、菊水元町一条1〜5、菊水元町二条1〜5、菊水元町三条1〜5、菊水元町四条1〜3、菊水元町五条1〜3、菊水元町六条1〜4、菊水元町七条1〜4、菊水元町八条1〜3、菊 水元町九条1、菊水元町九条2、菊水元町十条1、菊水元町、米里一条1〜4、米里二条1〜4丁目、米里三条1〜3、米里四条1〜3、米里五条1〜3、米里、東米里、東札幌一条1〜6丁目、東札幌二条1〜6、東札幌三条1〜6、東札幌四条1〜6、東札幌五条1〜6、東札幌六条1〜6、中央一条1〜7、中央二条1〜7、中央三条1〜6、本通1丁目南〜21丁目南、本通1丁目北〜21丁目北、平和通1丁目南〜17丁目南、平和通1丁目北〜17丁目北、本郷通1丁目北〜13丁目北、本郷通1丁目南〜13丁目南、北郷一条1〜10、北郷二条1〜10、北郷三条1〜10、北郷四条1〜10、北郷五条3〜10、北郷六条3、4、7〜10、北郷七条3、4、7〜10、北郷八条3、4、7〜10、北郷九条3、7〜9、北郷、南郷通1丁目北〜12丁目北、南郷通14丁目北〜20丁目北、南郷通1丁目南〜21丁目南、栄通1〜21、流通センター1〜7、川北四条1、2（2番）、川北五条1、川北）、豊平区、清田区〕

第 4 区　**札幌市**〔西区（八軒一条東1〜5、八軒二条東1〜5、八軒三条東1〜5、八軒四条東1〜5、八軒五条東1〜5、八軒六条東1〜5、八軒七条東1〜5、八軒八条東1〜5、八軒九条東1〜5、八軒十条東1〜5、八軒一条西1〜4、八軒二条西1〜4、八軒三条西1〜5、八軒四条西1〜6、八軒五条西1〜6、八軒五条西8〜11、八軒六条西1〜11、八軒七条西1〜11、八軒八条西1〜10、八軒九条西1〜7、八軒九条西9〜11、八軒十条西1〜6、八軒十条西9〜13、発寒一条2〜4、発寒二条1〜5、発寒三条1〜6、発寒四条1〜7、発寒五条2〜8、発寒六条3〜5、発寒六条7〜13、発寒七条4〜5、発寒七条7〜13、発寒八条5、発寒八条7、発寒八条9〜12、発寒八条13＜14番を除く。＞、発寒九条9〜12、発寒九条13＜5番から7番までを除く。＞、発寒十条1〜6、発寒十条11〜14、発寒十一条1〜6、発寒十一条11〜12、発寒十一条14、発寒十二条1〜5、発寒十二条11〜14、発寒十三条2〜5、発寒十三条11〜14、発寒十四条1〜5、発寒十四条11〜14、発寒十五条1〜4、発寒十五条12〜14、発寒十六条1〜4、発寒十六条12〜14、発寒十七条3〜4、発寒十七条13〜14）、手稲区〕、**小樽市、石狩市、後志総合振興局管内**（島牧村、寿都町、黒松内町、蘭越町、ニセコ町、真狩村、留寿都村、喜茂別町、京極町、倶知安町、共和町、岩内町、泊村、神恵内村、積丹町、古平町、仁木町、余市町、赤井川村）

第 5 区　**札幌市**〔白石区（第3区に属しない区域）、厚別区〕、**江別市、千歳市、恵庭市、北広島市、石狩振興局管内**（当別町、新篠津村）

第 6 区　**旭川市、士別市、名寄市、富良野市、上川総合振興局管内**（鷹栖町、東神楽町、当麻町、比布町、愛別町、上川町、東川町、美瑛町、上富良野町、中富良野町、南富良野町、占冠村、和寒町、剣淵町、下川町、美深町、音威子府村、中川町、幌加内町）

第 7 区　**釧路市、根室市、釧路総合振興局管内**（釧路町、厚岸町、浜中町、標茶町、弟子屈町、鶴居村、白糠町）、**根室振興局管内**（別海町、中標津町、標津町、羅臼町、色丹村、泊村、留夜別村、留別村、紗那村、蘂取村）

第 8 区　**函館市、北斗市、渡島総合振興局管内**（松前町、福島町、知内町、木古内町、七飯町、鹿部町、森町、八雲町、長万部町）、**檜山振興局管内**（江差町、上ノ国町、厚沢部町、乙部町、奥尻町、今金町、せたな町）

第 9 区　**室蘭市、苫小牧市、登別市、伊達市、胆振総合振興局管内**（豊浦町、壮瞥町、白老町、厚真町、洞爺湖町、安平町、むかわ町）、**日高振興局管内**（日高町、平取町、新冠町、浦河町、様似町、えりも町、新ひだか町）

第10区　**夕張市、岩見沢市、留萌市、美唄市、芦別市、赤平市、三笠市、滝川市、砂川市、歌志内市、深川市、空知総合振興局管内**（南幌町、奈井江町、上砂川町、由仁町、長沼町、栗山町、月形町、浦臼町、新十津川町、妹背牛町、秩父別町、雨竜町、北竜町、沼田町）、**留萌振興局管内**（増毛町、小平町、苫前町、羽幌町、初山別村、遠別町、天塩町）

第11区　**帯広市、十勝総合振興局管内**（音更町、士幌町、上士幌町、鹿追町、新得町、清水町、芽室町、中札内村、更別村、大樹町、広尾町、幕別町、池田町、豊頃町、本別町、足寄町、陸別町、浦幌町）

第12区　**北見市、網走市、稚内市、紋別市、宗谷総合振興局管内**（猿払村、浜頓別町、中頓別町、枝幸町、豊富町、礼文町、利尻町、利尻富士町、幌延町）、**オホーツク総合振興局管内**（美幌町、津別町、斜里町、清里町、小清水町、訓子府町、置戸町、佐呂間町、遠軽町、湧別町、滝上町、興部町、西興部村、雄武町、大空町）

青森

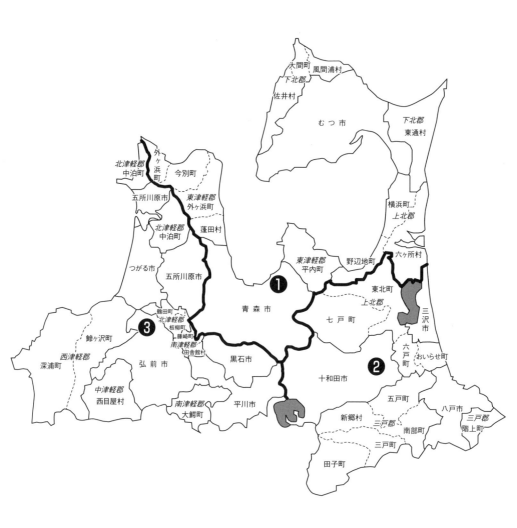

第1区 **青森市、むつ市、東津軽郡**（平内町、今別町、蓬田村、外ヶ浜町）、**上北郡**（野辺地町、横浜町、六ヶ所村）、**下北郡**（大間町、東通村、風間浦村、佐井村）

第2区 **八戸市、十和田市、三沢市、上北郡**（七戸町、六戸町、東北町、おいらせ町）、**三戸郡**（三戸町、五戸町、田子町、南部町、階上町、新郷村）

第3区 **弘前市、黒石市、五所川原市、つがる市、平川市、西津軽郡**（鰺ヶ沢町、深浦町）、**中津軽郡**（西目屋村）、**南津軽郡**（藤崎町、大鰐町、田舎館村）、**北津軽郡**（板柳町、鶴田町、中泊町）

岩 手

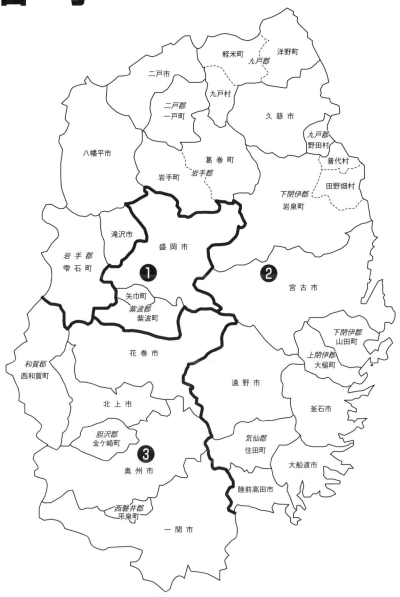

第 1 区　**盛岡市、紫波郡**（紫波町、矢巾町）

第 2 区　**宮古市、大船渡市、久慈市、遠野市、陸前高田市、釜石市、二戸市、八幡平市、滝沢市、岩手郡**（雫石町、葛巻町、岩手町）、**気仙郡**（住田町）、**上閉伊郡**（大槌町）、**下閉伊郡**（山田町、岩泉町、田野畑村、普代村）、**九戸郡**（軽米町、野田村、九戸村、洋野町）、**二戸郡**（一戸町）

第 3 区　**花巻市、北上市、一関市、奥州市、和賀郡**（西和賀町）、**胆沢郡**（金ケ崎町）、**西磐井郡**（平泉町）

宮城

気仙沼市

栗原市

大崎市

本吉郡
南三陸町

加美町

加美郡

色麻町

⑤

登米市

美里町

涌谷町

遠田郡

石巻市

大衡村

黒川郡

大和町

大郷町

宮城郡

松島町

牡鹿郡
女川町

富谷市

東松島市

青葉区

泉区

②

利府町

塩竈市

宮城野区

仙台市

多賀城市

宮城郡
七ケ浜町

太白区

若林区

川崎町

柴田郡

名取市

刈田郡

蔵王町

③

村田町

岩沼市

柴田町

大河原町

亘理町

七ヶ宿町

白石市

角田市

亘理郡

山元町

伊具郡
丸森町

①

④

156

仙台市

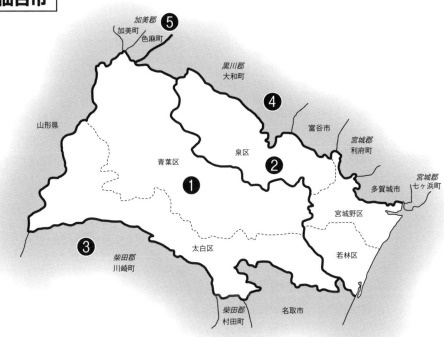

第1区　**仙台市**［青葉区、太白区］

第2区　**仙台市**［宮城野区、若林区、泉区］

第3区　**白石市、名取市、角田市、岩沼市、刈田郡**（蔵王町、七ヶ宿町）、**柴田郡**（大河原町、村田町、柴田町、川崎町）、**伊具郡**（丸森町）、**亘理郡**（亘理町、山元町）

第4区　**石巻市、塩竈市、多賀城市、東松島市、富谷市、宮城郡**（七ヶ浜町、利府町、松島町）、**黒川郡**（大和町、大郷町、大衡村）、**牡鹿郡**（女川町）

第5区　**気仙沼市、登米市、栗原市、大崎市、遠田郡**（涌谷町、美里町）、**本吉郡**（南三陸町）、**加美郡**（色麻町、加美町）

秋 田

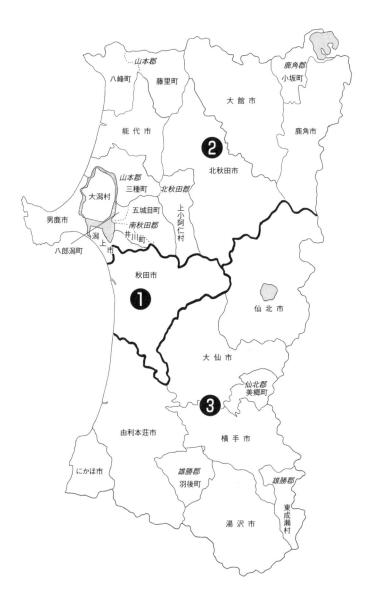

第1区 **秋田市**

第2区 **能代市、大館市、男鹿市、鹿角市、潟上市、北秋田市、鹿角郡**（小坂町）、**北秋田郡**（上小阿仁村）、**山本郡**（藤里町、三種町、八峰町）、**南秋田郡**（五城目町、八郎潟町、井川町、大潟村）

第3区 **横手市、湯沢市、由利本荘市、大仙市、にかほ市、仙北市、仙北郡**（美郷町）、**雄勝郡**（羽後町、東成瀬村）

ΛΛΛ 山 形

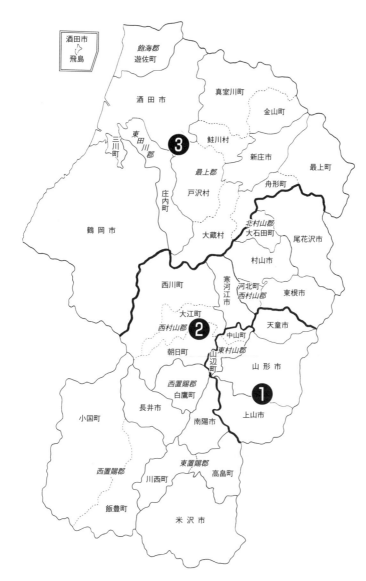

159

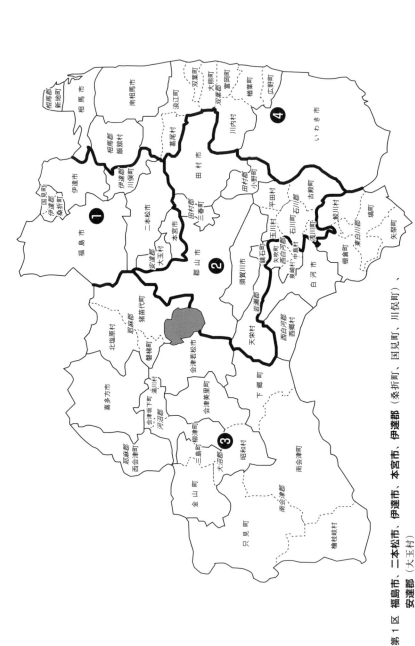

第1区 **福島市、二本松市、伊達市、本宮市、伊達郡**（桑折町、国見町、川俣町）、
安達郡（大玉村）

第2区 **郡山市、須賀川市、田村市、岩瀬郡**（鏡石町、天栄村）、**石川郡**（石川町、玉川村、平田村、浅川町、古殿町）、**田村郡**（三春
町、小野町）

第3区 **会津若松市、白河市、喜多方市、南会津郡**（下郷町、檜枝岐村、只見町、南会津町）、**耶麻郡**（北塩原村、西会津町、磐梯町、
猪苗代町）、**河沼郡**（会津坂下町、湯川村、柳津町）、**大沼郡**（三島町、金山町、昭和村、会津美里町）、**西白河郡**（西郷村、
泉崎村、中島村、矢吹町）、**東白川郡**（棚倉町、矢祭町、塙町、鮫川村）

第4区 **いわき市、相馬市、南相馬市、双葉郡**（広野町、楢葉町、富岡町、川内村、大熊町、双葉町、浪江町、葛尾村）、**相馬郡**（新地町、飯舘村）

160

茨 城

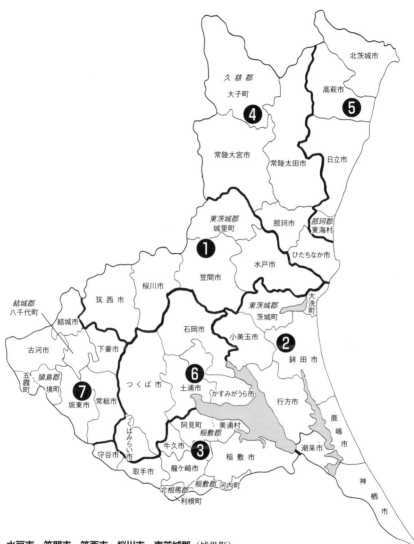

第1区　**水戸市、笠間市、筑西市、桜川市、東茨城郡**（城里町）

第2区　**鹿嶋市、潮来市、神栖市、行方市、鉾田市、小美玉市、東茨城郡**（茨城町、大洗町）

第3区　**龍ケ崎市、取手市、牛久市、守谷市、稲敷市、稲敷郡**（美浦村、阿見町、河内町）、
　　　　北相馬郡（利根町）

第4区　**常陸太田市、ひたちなか市、常陸大宮市、那珂市、久慈郡**（大子町）

第5区　**日立市、高萩市、北茨城市、那珂郡**（東海村）

第6区　**土浦市、石岡市、つくば市、かすみがうら市、つくばみらい市**

第7区　**古河市、結城市、下妻市、常総市、坂東市、結城郡**（八千代町）、**猿島郡**（五霞町、境町）

栃 木

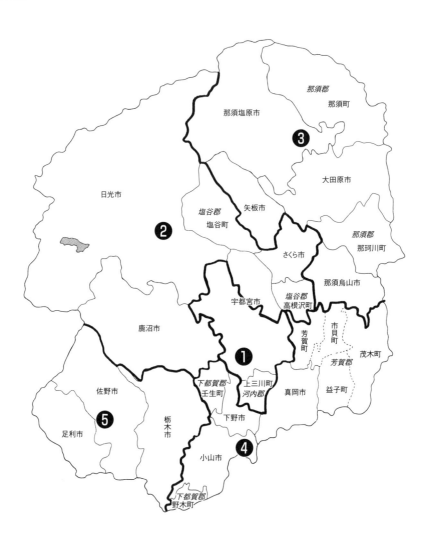

第1区　**宇都宮市**（本庁管内、平石・清原・横川・瑞穂野・城山・国本・富屋・豊郷・篠井・姿川・雀宮地区市民センター管内、宝木・陽南出張所管内）、**河内郡**（上三川町）

第2区　**宇都宮市**（旧河内町、旧上河内町）、**鹿沼市、日光市、さくら市、塩谷郡**（塩谷町、高根沢町）

第3区　**大田原市、矢板市、那須塩原市、那須烏山市、那須郡**（那須町、那珂川町）

第4区　**小山市、真岡市、下野市、芳賀郡**（益子町、茂木町、市貝町、芳賀町）、**下都賀郡**（壬生町、野木町）

第5区　**足利市、栃木市、佐野市**

わが国の選挙制度の主な変遷

明治22年2月	大日本帝国憲法公布 衆議院議員選挙法公布、選挙権直接国税15円以上を納める25歳以上の男子、小選挙区制　定数300
明治23年3月	第1回衆議院議員選挙
明治33年3月	衆議院議員選挙法改正公布、選挙権直接国税10円以上を納める、25歳以上の男子、大選挙区制　定数369
大正8年5月	衆議院議員選挙法改正公布、選挙権直接国税3円以上を納める、25歳以上の男子、小選挙区制　定数464
大正14年5月	衆議院議員選挙法改正公布、25歳以上の男子の普通選挙が実現。中選挙区制　定数466
昭和3年2月	普選法による第1回総選挙
昭和20年10月	衆議院議員選挙法改正公布、20歳以上の男女に選挙権が与えられる、婦人参政権が初めて実現。大選挙区・制限連記制　定数468
昭和21年11月	日本国憲法公布
昭和22年2月	衆議院議員選挙法公布
3月	衆議院議員選挙法改正公布、中選挙区・単記制へ復帰
昭和25年5月	公職選挙法公布、各種選挙法制を一本化
昭和57年8月	参議院全国区廃止、比例代表制導入
平成6年2月	改正公職選挙法成立。衆議院に小選挙区比例代表並立制を導入
平成10年5月	在外選挙制度創設
平成11年8月	洋上投票制度創設
平成12年5月	参議院比例代表選挙が非拘束名簿式に改正
平成13年12月	地方選挙に電磁記録式投票制度を導入
平成15年6月	期日前投票制度創設。衆議院議員総選挙及び参議院議員通常選挙において、選挙運動用パンフレット・書籍（いわゆるマニフェスト）の頒布が可能に。
平成18年6月	国外における不在者投票制度創設
平成25年4月	インターネット等を利用する方法による選挙運動の解禁。成年被後見人の選挙権・被選挙権の回復
平成27年11月	参議院選挙区選出議員の定数是正及び2県の区域を区域とする選挙区の設置
平成28年6月	選挙権年齢の18歳以上への引き下げ

群　馬

第1区　**前橋市、沼田市、利根郡**（片品村、川場村、昭和村、みなかみ町）
第2区　**桐生市、伊勢崎市、みどり市、佐波郡**（玉村町）
第3区　**太田市、館林市、邑楽郡**（板倉町、明和町、千代田町、大泉町、邑楽町）
第4区　**高崎市**（本庁管内、新町・吉井支所管内）、**藤岡市、多野郡**（上野村、神流町）
第5区　**高崎市**（倉渕・箕郷・群馬・榛名支所管内）、**渋川市、富岡市、安中市、北群馬郡**（榛東村、吉岡町）、**甘楽郡**（下仁田町、南牧村、甘楽町）、**吾妻郡**（中之条町、長野原町、嬬恋村、草津町、高山村、東吾妻町）

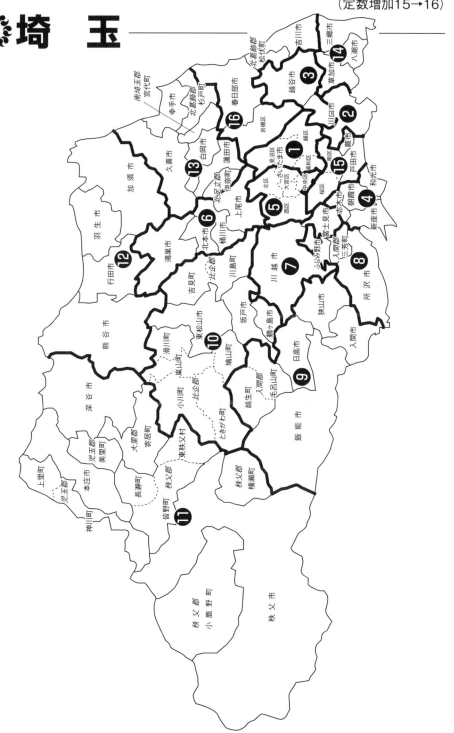

○埼　玉

さいたま市

越谷市 ❸

川口市

春日部市

白岡市

蕨市

岩槻区 ⓰

緑区

❷

蓮田市 ⓭

見沼区 ❶

浦和区

南区 ⓯

戸田市

北区

大宮区

中央区

桜区

朝霞市

上尾市

❺

志木市 ❹

西区

富士見市

川越市

❼

第１区　**さいたま市**［見沼区、浦和区、緑区］

第２区　**川口市**（本庁管内、新郷支所管内、神根支所管内（大字安行領根岸（290番地から676番地まで、711番地、712番地）、大字安行領在家（113番地から116番地まで、226番地から282番地まで）、在家町、大字木曽呂（1313番地、1336番地、1341番地、1365番地、1369番地から1372番地まで、1392番地から1399番地まで、1409番地、1419番地から1427番地まで、1450番地、1459番地から1462番地まで、1467番地、1468番地、1473番地、1477番地から1479番地まで、1486番地から1488番地まで、1492番地から1524番地まで、1528番地から1560番地まで）、柳崎1、柳崎4〜5、北園町、柳根町、本前川3）、芝支所管内、安行支所管内＜大字安行慈林（614番地から629番地まで）に属する区域を除く。＞、鳩ヶ谷支所管内）

第３区　**川口市**（第2区に属しない区域）、**越谷市**

第４区　**朝霞市、志木市、和光市、新座市**

第５区　**さいたま市**［西区、北区、大宮区、中央区］

第６区　**鴻巣市、上尾市、桶川市、北本市**

第７区　**川越市、富士見市**

第８区　**所沢市、ふじみ野市、入間郡**（三芳町）

第９区　**飯能市、狭山市、入間市、日高市、入間郡**（毛呂山町、越生町）

第10区　**東松山市、坂戸市、鶴ヶ島市、比企郡**（滑川町、嵐山町、小川町、川島町、吉見町、鳩山町、ときがわ町）

第11区　**秩父市、本庄市、深谷市、秩父郡**（横瀬町、皆野町、長瀞町、小鹿野町、東秩父村）、**児玉郡**（美里町、神川町、上里町）、**大里郡**（寄居町）

第12区　**熊谷市、行田市、加須市、羽生市**

第13区　**久喜市、蓮田市、幸手市、白岡市、北足立郡**（伊奈町）、**南埼玉郡**（宮代町）、**北葛飾郡**（杉戸町）

第14区　**草加市、八潮市、三郷市**

第15区　**さいたま市**［桜区、南区］、**蕨市、戸田市**

第16区　**さいたま市**［岩槻区］、**春日部市、吉川市、北葛飾郡**（松伏町）

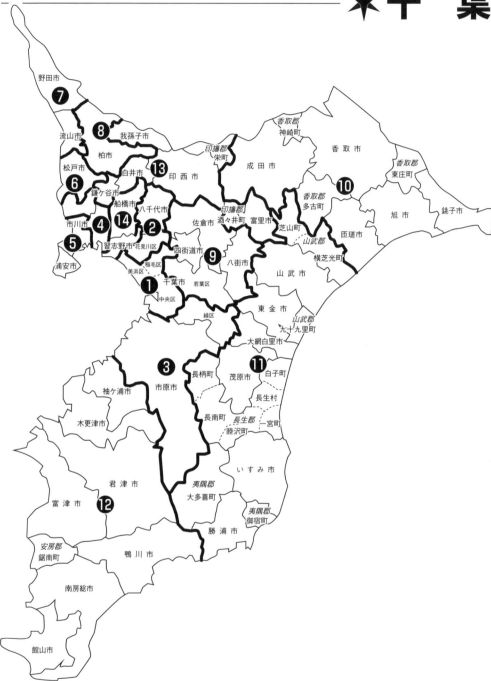

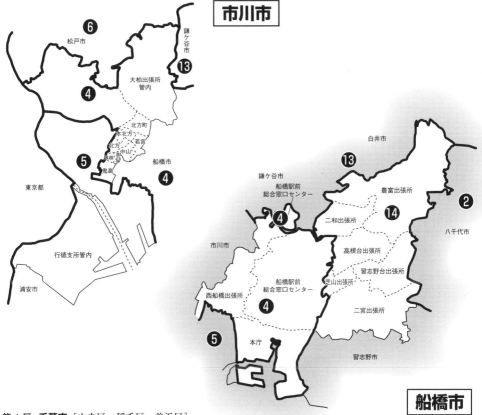

市川市

船橋市

第1区　**千葉市**［中央区、稲毛区、美浜区］

第2区　**千葉市**［花見川区］、**八千代市**

第3区　**千葉市**［緑区］、**市原市**

第4区　**市川市**（本庁管内（国府台1〜6、市川4、真間4〜5、東菅野4〜5、宮久保1〜6、鬼越1〜2、鬼高1〜
　　　　4、高石神、中山1〜4、若宮1〜3、北方1〜3、本北方1〜3、北方町4、国分1〜7、中国分1〜5、北国
　　　　分1〜4、須和田1〜2、稲越1〜3、曽谷1〜8、下貝塚1〜3、東国分1〜3、堀之内1〜5）、大柏出張所
　　　　管内）、**船橋市**（本庁管内、西船橋出張所管内、船橋駅前総合窓口センター管内）

第5区　**市川市**（第4区に属しない区域）、**浦安市**

第6区　**松戸市**

第7区　**野田市、流山市**

第8区　**柏市**

第9区　**千葉市**［若葉区］、**佐倉市、四街道市、八街市**

第10区　**銚子市、成田市、旭市、匝瑳市、香取市、香取郡**（神崎町、多古町、東庄町）

第11区　**茂原市、東金市、勝浦市、山武市、いすみ市、大網白里市、山武郡**（九十九里町、芝山町、横芝光
　　　　町）、**長生郡**（一宮町、睦沢町、長生村、白子町、長柄町、長南町）、**夷隅郡**（大多喜町、御宿町）

第12区　**館山市、木更津市、鴨川市、君津市、富津市、袖ケ浦市、南房総市、安房郡**（鋸南町）

第13区　**我孫子市、鎌ケ谷市、印西市、白井市、富里市、印旛郡**（酒々井町、栄町）

第14区　**船橋市**（第4区に属しない区域）、**習志野市**

東　京

P. 170

P. 171

大島 三宅島

新島 御蔵島 八丈島 青ヶ島

鳥島

西の島 父島列島 聖島列島 母島列島
・北硫黄島 ・硫黄島 ・南硫黄島

❸
大島支庁管内
三宅支庁管内
八丈支庁管内
小笠原支庁管内

都区部拡大図

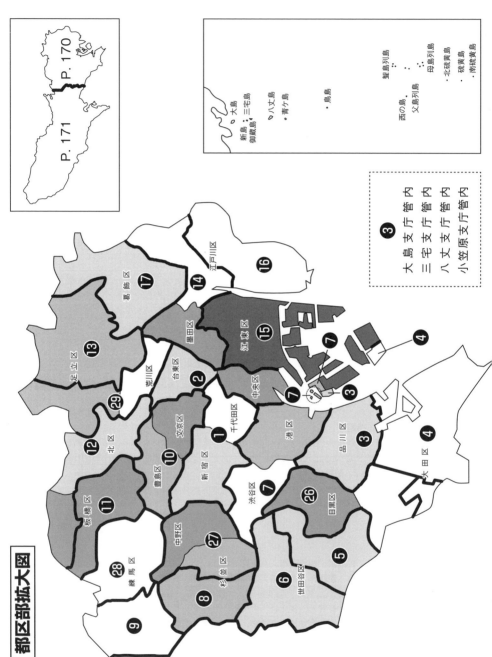

江戸川区 ⑯

葛飾区 ⑰ ⑭ 江戸川区

墨田区

足立区 ⑬ 荒川区 台東区 ❷ 江東区 ⑮ ❼ ❹

北区 ㉙ 文京区 中央区 ❼ ❸

⑫ 新宿区 千代田区 ❶ 港区 品川区 ❸ ❹ 大田区

豊島区 ⑩

板橋区 ⑪ 渋谷区 ❼ ㉖ 目黒区

練馬区 ㉘ 中野区 ㉗ ⑤

杉並区 ㉕ 世田谷区 ⑥

⑨ ⑧

170

多摩地区拡大図

清瀬市
東久留米市
西東京市 ⑱
武蔵野市
三鷹市 ㉒
調布市
狛江市
東村山市
小平市 ⑲
小金井市
東大和市 ⑳
国分寺市
府中市 ㉚
稲城市
武蔵村山市
立川市
国立市
多摩市
町田市 ㉓
西多摩郡 瑞穂町
昭島市
日野市 ㉑
羽村市
福生市
青梅市
西多摩郡 日の出町
あきる野市
八王子市 ㉔
⑮
奥多摩町
西多摩郡
檜原村

第 1 区　**千代田区、新宿区**

第 2 区　**中央区、台東区**

第 3 区　**品川区、大島・三宅・八丈・小笠原支庁管内**（大島町、利島村、新島村、神津島村、三宅村、御蔵島村、八丈町、青ケ島村、小笠原村）

第 4 区　**大田区**（大森東・大森西・入新井・馬込・池上・新井宿特別出張所管内、久が原特別出張所管内＜池上3に属する区域に限る。＞、糀谷・羽田・六郷特別出張所管内、矢口特別出張所管内（矢口2＜1番、13番、14番、27番、28番）及び矢口3（1番、8番）に属する区域に限る。）、蒲田西・蒲田東特別出張所管内）

第 5 区　**世田谷区**（池尻・太子堂・若林・上町・下馬・上馬・代沢・奥沢・九品仏・等々力・上野毛・用賀・二子玉川・深沢まちづくりセンター管内）

第 6 区　**世田谷区**（経堂・梅丘・新代田・北沢・松原・松沢・祖師谷・成城・船橋・喜多見・砧・上北沢・上祖師谷・烏山まちづくりセンター管内）

第 7 区　**港区、渋谷区、杉並区**（方南1〜2に属する区域に限る。）

第 8 区　**杉並区**（下高井戸1〜5、永福1＜2番から44番まで＞、永福2〜4、浜田山1〜4、大宮2＜5番から18番まで＞、高円寺南2〜4、高円寺北2〜4、阿佐谷南1〜3、阿佐谷北1〜6、天沼1〜3、本天沼1〜3、成田西1〜4、成田東1〜5、荻窪1〜5、南荻窪1〜4、上荻1〜4、西荻南1〜4、西荻北1〜5、今川1〜4、清水1〜3、桃井1〜4、井草1〜5、下井草1〜5、上井草1〜4、善福寺1〜4、松庵1〜3、宮前1〜5、久我山1〜5、高井戸東1〜4、高井戸西1〜3、上高井戸1〜3）

第 9 区　**練馬区**（貫井4＜28番、29番4号、29番8号から29番22号まで、30番9号、30番10号、44番から46番まで、47番18号から47番48号まで、47番50号から47番52号まで＞、高松6、土支田1〜4、富士見台1〜2、3＜20番6号から20番10号まで、38番から46番まで、47番5号から47番7号まで、55番6号から55番17号まで、56番から63番まで＞、富士見台4、南田中1〜5、高野台1〜5、谷原2〜6、三原台1〜3、石神井町1〜8、石神井台1〜8、下石神井1〜6、東大泉1〜7、西大泉町、西大泉1〜6、南大泉1〜6、大泉町1〜6、大泉学園町1〜9、関町北1〜5、関町南1〜4、上石神井南町、立野町、上石神井1〜4、関町東1〜2）

第10区　**文京区、豊島区**

第11区　**板橋区**（本庁管内（板橋1〜4、加賀1〜2、大山東町、大山金井町、熊野町、中丸町、南町、稲荷台、仲宿、氷川町、栄町、大山町、大山西町、幸町、中板橋、仲町、弥生町、本町、大和町、双葉町、富士見町、大谷口上町、大谷口北町、大谷口1〜2、向原1〜3、小茂根1〜5、常盤台1〜4、南常盤台1〜2、東新町1〜2、上板橋1〜3、清水町、蓮沼町、大原町、泉町、宮本町、志村1〜3、坂下1＜1番から26番まで、28番＞、東坂下1、小豆沢1〜4、西台1〜4、中台1〜3、若木1〜3、前野町1〜6、三園2、東山町、桜川1〜3）、赤塚支所管内）

第12区　**北区、板橋区**（第11区に属しない区域）

第13区　**足立区**（青井1〜6、足立1〜4、綾瀬1〜7、梅島1〜3、梅田1〜8、大谷田1〜5、加平1〜3、北加平町、栗原1〜2、弘道1〜2、佐野1〜2、島根1〜4、神明1〜3、神明南1〜2、関原1〜3、千住1〜5、千住曙町、千住旭町、千住東1〜2、千住大川町、千住河原町、千住寿町、千住桜木1〜2、千住関屋町、千住龍田町、千住中居町、千住仲町、千住橋戸町、千住緑町1〜3、千住宮元町、千住元町、千住柳町、竹の塚1〜7、辰沼1〜2、中央本町1〜5、東和1〜5、中川1〜5、西綾瀬1〜4、西新井栄町1〜2、西加平1〜2、西保木間1〜4、花畑1〜8、東綾瀬1〜3、東保木間1〜2、東六月町、一ツ家1〜4、日ノ出町、平野1〜3、保木間1〜5、保塚町、南花畑1〜5、六木1〜4、谷中1〜5、柳原1〜2、六月1〜3、六町1〜4）

第14区　**墨田区、江戸川区**（本庁管内（中央4、松島1〜4、東小松川1〜4、西小松川町、興宮町、上一色1〜3、本一色1〜3）、小松川・小岩事務所管内）

第15区　**江東区**

第16区　**江戸川区**（第14区に属しない区域）

第17区　**葛飾区**

第18区　武蔵野市、小金井市、西東京市
第19区　小平市、国分寺市、国立市
第20区　東村山市、東大和市、清瀬市、東久留米市、武蔵村山市
第21区　八王子市（下柚木、下柚木2〜3、上柚木、上柚木2〜3、中山＜519番地、523番地から526番地まで、
　　　　819番地から830番地まで、842番地、875番地から878番地まで、880番地から1148番地まで、1156番
　　　　地、1219番地及び1221番地を除く。＞、越野、南陽台1〜3、堀之内、堀之内2〜3、東中野、大塚、
　　　　鹿島、松が谷、鑓水＜339番地から345番地まで、364番地から371番地まで及び396番地を除く。＞、
　　　　鑓水2、南大沢1〜5、松木、別所1〜2）、立川市、日野市
第22区　三鷹市、調布市、狛江市
第23区　町田市
第24区　八王子市（第21区に属しない区域）
第25区　青梅市、昭島市、福生市、羽村市、あきる野市、西多摩郡（瑞穂町、日の出町、檜原村、奥多摩町）
第26区　目黒区、大田区（第4区に属しない区域）
第27区　中野区、杉並区（第8区に属しない区域）
第28区　練馬区（第9区に属しない区域）
第29区　荒川区、足立区（第13区に属しない区域）
第30区　府中市、多摩市、稲城市

神奈川

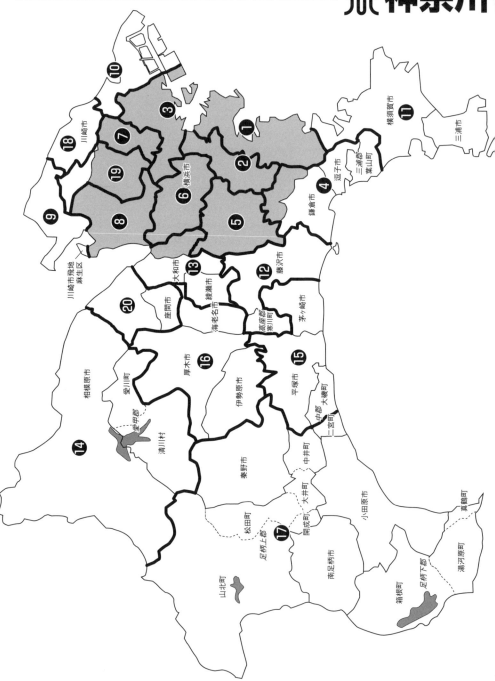

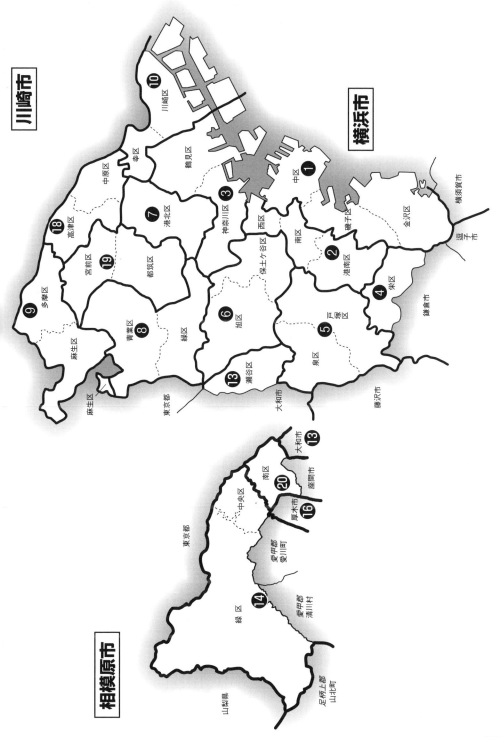

川崎市

横浜市

相模原市

175

第 1 区　**横浜市**［中区、磯子区、金沢区］

第 2 区　**横浜市**［西区、南区、港南区］

第 3 区　**横浜市**［鶴見区、神奈川区］

第 4 区　**横浜市**［栄区］、**鎌倉市、逗子市、三浦郡**（葉山町）

第 5 区　**横浜市**［戸塚区、泉区］

第 6 区　**横浜市**［保土ケ谷区、旭区］

第 7 区　**横浜市**［港北区］

第 8 区　**横浜市**［緑区、青葉区］

第 9 区　**川崎市**［多摩区、麻生区］

第10区　**川崎市**［川崎区、幸区］

第11区　**横須賀市、三浦市**

第12区　**藤沢市、高座郡**（寒川町）

第13区　**横浜市**［瀬谷区］、**大和市、綾瀬市**

第14区　**相模原市**［緑区、中央区］、**愛甲郡**（愛川町、清川村）

第15区　**平塚市、茅ヶ崎市、中郡**（大磯町）

第16区　**厚木市、伊勢原市、海老名市**

第17区　**小田原市、秦野市、南足柄市、中郡**（二宮町）、**足柄上郡**（中井町、大井町、松田町、山北町、開成町）、**足柄下郡**（箱根町、真鶴町、湯河原町）

第18区　**川崎市**［中原区、高津区］

第19区　**横浜市**［都筑区］、**川崎市**［宮前区］

第20区　**相模原市**［南区］、**座間市**

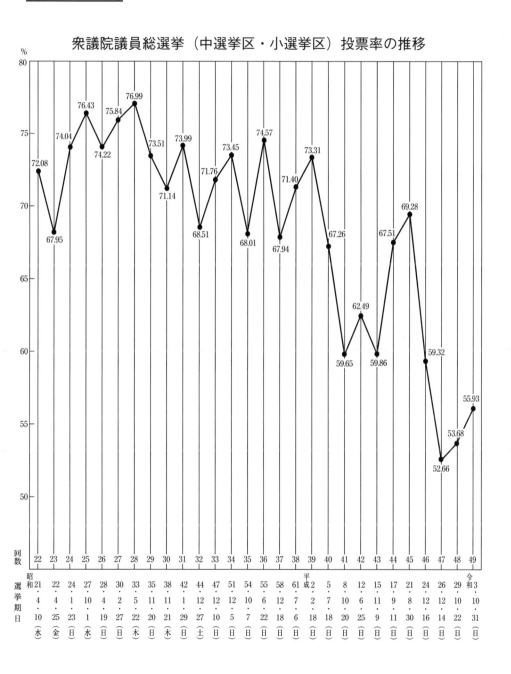

衆議院議員総選挙（中選挙区・小選挙区）投票率の推移

新　潟

❸ 岩船郡
粟島浦村

村上市

❶ 佐渡市

北蒲原郡
聖籠町

胎内市

岩船郡
関川村

南蒲原郡
田上町

❶ 新潟市

新発田市

❸

西蒲原郡
弥彦村

燕市

阿賀野市

三島郡
出雲崎町

❷

五泉市

加茂市

東蒲原郡
阿賀町

三条市

見附市

刈羽郡
刈羽村

❹ 長岡市

小千谷市

長岡市

魚沼市

柏崎市

上越市

❺ 十日町市

糸魚川市

中魚沼郡
津南町

南魚沼市

妙高市

南魚沼郡
湯沢町

178

新潟市

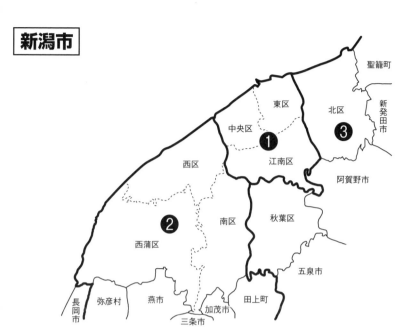

第 1 区 **新潟市**［東区、中央区、江南区］、**佐渡市**

第 2 区 **新潟市**［南区、西区、西蒲区］、**三条市、加茂市、燕市、西蒲原郡**（弥彦村）、**南蒲原郡**（田上町）

第 3 区 **新潟市**［北区、秋葉区］、**新発田市、村上市、五泉市、阿賀野市、胎内市、北蒲原郡**（聖籠町）、
東蒲原郡（阿賀町）、**岩船郡**（関川村、粟島浦村）

第 4 区 **長岡市、柏崎市、小千谷市、見附市、三島郡**（出雲崎町）、**刈羽郡**（刈羽村）

第 5 区 **十日町市、糸魚川市、妙高市、上越市、魚沼市、南魚沼市、南魚沼郡**（湯沢町）、**中魚沼郡**（津南町）

富 山

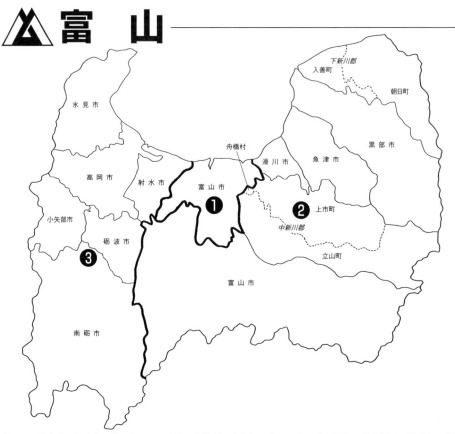

第 1 区　**富山市**（相生町、綾田町1～3、青柳、青柳新、赤江町、赤田、秋ヶ島、秋吉、秋吉新町、悪王寺、曙町、
朝日、旭町、安住町、愛宕町1～2、荒川、荒川1～5、荒川新町、荒町、新屋、有沢、有沢新町、粟島町1
～3、安養寺、安養坊、飯野、池多、石金1～3、石倉町、石坂、石坂新、石坂東町、石田、石屋、泉町1～
2、磯部町1～4、一番町、一本木、稲荷園町、稲荷町1～4、稲荷元町1～3、犬島1～7、犬島新町1～2、今
泉、今泉西部町、今泉北部町、今市、今木町、岩瀬赤田町、岩瀬天池町、岩瀬池田町、岩瀬入船町、岩瀬
梅本町、岩瀬御蔵町、岩瀬表町、岩瀬古志町、岩瀬諏訪町、岩瀬高畠町、岩瀬天神町、岩瀬萩浦町、岩瀬
白山町、岩瀬文化町、岩瀬前田町、岩瀬松原町、岩瀬港町、牛島新町、牛島町、牛島本町1～2、打出、打
出新、内幸町、梅沢町1～3、上野、上野寿町、上野新、上野新町、永楽町、越前町、江本、荏原新町、蛭
町、追分茶屋、大井、大泉、大泉北町、大泉中町、大泉東町1～2、大泉本町1～2、大泉1～3、大江干、
大江干新町、大島1～4、太田、太田口通り1～3、於保多町、太田南町、大塚、大塚北、大塚西、大塚東、
大塚南、大手町、大場、大町、大宮町、奥井町、奥田寿町、奥田新町、奥田双葉町、奥田本町、奥田町、
押上、音羽町1～2、雄山町、海岸通、開発、掛尾栄町、掛尾町、鹿島町1～2、金代、金屋、金山新、金山
新北、金山新桜ヶ丘、金山新中、金山新西、金山新東、金山新南、上赤江、上赤江町1～2、上飯野、上飯
野新町1～5、上今町、上熊野、上栄、上庄町、上新保、上千俵町、上布目、上袋、上冨居、上冨居1～3、
上冨居新町、上堀南町、上本町、上八日町、願海寺、北押川、北新町1～2、北代、北代新、北代中部、北
代東部、北代北部、北二ツ屋、木場町、経田、経堂、経堂1～4、経堂新町、経力、金泉寺、銀嶺町、久
郷、草島、楠木、窪新町、窪本町、公文名、栗山、呉羽野田、呉羽町、呉羽町北、呉羽町西、黒崎、黒
瀬、黒瀬北町1～2、小泉町、興人町、高来、古志町1～6、小島町、小杉、五艘、小中、小西、五番町、五
福、五本榎、駒見、才覚寺、境野新、栄新町、栄町1～3、坂下新、桜木町、桜谷みどり町1～2、桜橋通

り、桜町1～2、山王町、三熊、三番町、七軒町、芝園町1～3、島田、清水中町、清水町1～9、清水元町、下赤江、下赤江町1～2、下飯野、下奥井1～2、下熊野、下新北町、下新西町、下新日曹町、下新本町、下新町、下野、下野新、下冨居、下冨居1～2、下堀、城川原1～3、庄高田、城北町、城村、城村新町、白銀町、新金代1～2、新川原町、新桜町、新庄北町、新庄銀座1～3、新庄本町1～3、新庄町、新庄町1～4、新総曲輪、新千原崎、神通本町1～2、神通町1～3、新富町1～2、新根塚町1～3、新冨居、新保、新名、杉瀬、杉谷、砂町、住友町、住吉、住吉町1～2、諏訪川原1～3、清風町、関、千石町1～6、千成町、千俵町、総曲輪1～4、惣在寺、双代町、高木、高木西、高木東、高木南、高島、高園町、高田、高畠町1～2、高屋敷、宝町1～2、田刈屋、館出町1～2、辰尾、辰巳町1～2、田中町1～5、田尻、田尻西、田尻東、田尻南、田畑、珠泉西町、珠泉東町、手屋、手屋1～3、太郎丸、太郎丸西町1～2、太郎丸本町1～4、千歳町1～3、千原崎、千原崎1～2、茶屋町、中央通り1～3、中間島、中間島1～2、千代田町、塚原、月岡新、月岡西緑町、月岡東緑町1～4、月岡町1～7、月見町1～7、堤町通り1～2、つばめ野1～3、鶴ヶ丘町、寺島、寺町、寺町けや木台、天正寺、土居原町、問屋町1～3、道正、任海、常盤台、常盤町、栃谷、利波、富岡町、友杉、豊丘町、豊川町、豊島町、豊城新町、豊城町、豊田、豊田本町1～4、豊田町1～2、豊若町1～3、永久町、中市、中市1～2、長江、長江1～5、長江新町1～4、長江東町1～3、長江本町、長柄町1～3、中老田、長岡、長岡新、中沖、中川原、中川原新町、中川原台1～2、中島1～5、中田、中田1～3、中布目、中野新、中野新町1～2、中冨居、中冨居新町、中屋、流杉、鍋田、南央町、西四十物町、西荒屋、西大泉、西押川、西金屋、西公文名、西公文名町、西山王町、西新庄、西町、西田地方町1～3、西長江1～4、西長江本町、西中野本町、西中野町1～2、西野新、西番、西宮町、西二俣、西宮、蜷川、布市、布市新町、布瀬本町、布瀬町、布瀬町1～2、布瀬町南1～3、布目、布目北、布目西、根塚町1～4、野口、野口南部、野口北部、野田、野中、野中新、野々上、野町、萩原、蓮町1～6、旅籠町、畑中、八川、八人町、八ヶ山、八町、八町北、八町中、八町西、八町東、八町南、花園町1～4、花木、羽根、浜黒崎、林崎、針日、針原中、針原中町、晴海台、東石金町、東岩瀬町、東岩瀬村、東老田、東田地方町1～2、東富山寿町1～3、東中野町1～3、東流杉、東町1～3、日方江、久方町、日之出町、日俣、百塚、鴨島、ひよどり南台、平榎、平岡、開、開ヶ丘、平吹町、福居、冨居栄町、不二越本町1～2、不二越町、藤木、藤木新、藤木新町、藤の木園町、藤の木台1～3、二口町1～5、二俣、二俣新町、舟橋今町、舟橋北町、舟橋南町、古鍛冶町、古川、古沢、古寺、文京町1～3、別名、星井町1～3、堀、堀川小泉町、堀川小泉町1～2、堀川町、堀川町、堀端町、本郷、本郷島、本郷新、本郷西部、本郷中部、本郷東部、本郷北部、本郷町、本町、本丸、牧田、町新、町袋、町村、町村1～2、松浦町、松木、松木新、松若町、丸の内1～3、三上、水落、水橋池田舘、水橋池田町、水橋石政、水橋石割、水橋伊勢屋、水橋伊勢領、水橋市江、水橋市田袋、水橋入江、水橋魚躬、水橋大町、水橋沖、水橋肘崎、水橋開発、水橋開発町、水橋鏡田、水橋堅田、水橋金尾、水橋金尾新、水橋金広、水橋上桜木、水橋上砂子坂、水橋川原町、水橋北馬場、水橋狐塚、水橋小池、水橋恋塚、水橋小出、水橋五郎丸、水橋桜木、水橋佐野竹、水橋山王町、水橋下段、水橋柴草、水橋清水堂、水橋下砂子坂、水橋下砂子坂新、水橋常願寺、水橋小路、水橋上条新町、水橋新保、水橋新堀、水橋専光寺、水橋大正、水橋高月、水橋高寺、水橋高堂、水橋舘町、水橋田伏、水橋辻ヶ堂、水橋中馬場、水橋中町、水橋中村、水橋中村町、水橋入部町、水橋畠等、水橋番頭名、水橋平榎、水橋平塚、水橋二杉、水橋二ッ屋、水橋曲淵、水橋町、水橋町袋、水橋的場、水橋柳寺、緑町1～2、湊入船町、南金屋、南栗山、南新町、南田町1～2、南中田、宮尾、宮条、宮園町、宮成、宮成新、宮保、宮町、向新庄、向新庄町1～8、向川原町、室町通り1～2、明輪町、元町1～2、桃井町1～2、森、森1～5、森住町、森田、森若町、安田町、安野屋町1～3、柳町1～4、八幡、山岸、山室、山室荒屋、山室荒屋新町、山本、山本新、弥生町1～2、八日町、四方、四方荒屋、四方一番町、四方恵比須町、四方北窪、四方新、四方新出町、四方神明町、四方田町、四方西岩瀬、四方二番町、四方野割町、四方港町、横内、横越、吉岡、吉倉、吉作、四ッ葉町、米田、米田すずかけ台1～3、米田町1～3、若竹町1～6）

第2区　富山市（赤倉、芦生、新町、有峰、安蔵、庵谷、庵谷片掛入会地、井栗谷、石渕、市場、稲代、猪谷、今生津、今生津芦生入会地、岩稲、岩木、岩木新、牛ケ増、薄波、馬瀬、大栗、大清水、大双嶺、太田薄波、大野、大山上野、大山北新町、大山布目、大山松木、岡田、奥山、小黒、小佐波、小谷、小原、小原屋、小見、小見亀谷入会、小見和田入会、折谷、隠土、加賀沢、春日、片掛、蟹寺、加納、上大浦、上大

久保、上滝、上二杉、亀谷、河内、棚ケ原、桑原、下伏、小糸、合田、小坂、小羽、才覚地、坂本、笹津、塩、塩野、寺家、下夕林、下大浦、下大久保、下双嶺、下番、城生、神通、新村、直坂、砂見、須原、瀬戸、善名、千長原、高内、田畠、葛原、津羽見、手出、寺津、土、中大浦、中大久保、長走、長瀬、中滝、中地山、中地山亀谷入会、長附、長棟、中野、中番、長川原、西大沢、西小俣、西笹津、西塩野、楡原、布尻、布尻町長入会地、根上、野沢、花崎、原、日尾、東猪谷、東大久保、東小俣、東黒牧、東福沢、伏木、二松、婦中町青島、婦中町新町、婦中町新屋、婦中町板倉、婦中町板倉新、婦中町鵜坂、婦中町牛滑、婦中町上野、婦中町大瀬谷、婦中町小倉、婦中町皆杓、婦中町上新屋、婦中町上井沢、婦中町上轡田、婦中町上瀬、婦中町上田島、婦中町上吉川、婦中町河原町、婦中町北上瀬、婦中町北下瀬、婦中町希望ヶ丘、婦中町下条、婦中町小泉、婦中町小長沢、婦中町小野島、婦中町笹倉、婦中町沢田、婦中町三瀬、婦中町地角、婦中町島田、婦中町島本郷、婦中町清水島、婦中町下井沢、婦中町下轡田、婦中町下坂倉、婦中町下瀬、婦中町下邑、婦中町下吉川、婦中町十五丁、婦中町砂子田、婦中町蔵島、婦中町添島、婦中町外輪野、婦中町平等、婦中町高田、婦中町高塚、婦中町高日附、婦中町高山、婦中町田島、婦中町為成新、婦中町田屋、婦中町千里、婦中町塚原、婦中町道喜島、婦中町道島、婦中町道場、婦中町富川、婦中町富崎、婦中町友坂、婦中町長沢、婦中町中島、婦中町中名、婦中町成子、婦中町西ヶ丘、婦中町西本郷、婦中町ねむの木、婦中町萩島、婦中町羽根、婦中町羽根新、婦中町浜子、婦中町速星、婦中町東谷、婦中町東本郷、婦中町響の杜、婦中町広田、婦中町袋、婦中町古沢、婦中町分田、婦中町鉾木、婦中町蛍川、婦中町堀、婦中町増田、婦中町鶚谷、婦中町三屋、婦中町南下瀬、婦中町宮ケ島、婦中町宮ケ谷、婦中町麦島、婦中町葎原、婦中町持田、婦中町安田、婦中町熊野道、婦中町夢ケ丘、婦中町余川、婦中町横野、婦中町吉住、婦中町吉谷、婦中町蓮花寺、舟倉、舟新、舟渡、本宮、牧、牧野、馬瀬口、町長、松野、松林、万願寺、水須、南大場、南野田、三室荒屋、文珠寺、八木山、八尾町青根、八尾町赤石、八尾町足谷、八尾町油、八尾町天池、八尾町新屋、八尾町庵谷、八尾町井栗谷、八尾町井田、八尾町井田新、八尾町入会地、八尾町入谷、八尾町岩島、八尾町岩屋、八尾町上ケ島、八尾町上ノ名、八尾町薄島、八尾町内名、八尾町梅苑町、八尾町上野、八尾町越後谷、八尾町追分、八尾町大下、八尾町大杉、八尾町大玉生、八尾町大道、八尾町尾久、八尾町奥田、八尾町尾畑、八尾町小原、八尾町角間、八尾町掛畑、八尾町樫尾、八尾町桂原、八尾町上黒瀬、八尾町上高善寺、八尾町上笹原、八尾町上田池、八尾町上仁歩、八尾町上牧、八尾町川住、八尾町北谷、八尾町北袋、八尾町桐谷、八尾町切詰、八尾町桐山、八尾町窪、八尾町倉ケ谷、八尾町栗須、八尾町黒田、八尾町小井波、八尾町高善寺、八尾町小谷、八尾町小長谷、八尾町小長谷新、八尾町小畑、八尾町坂ノ下、八尾町東坂下、八尾町寺家、八尾町下ノ名、八尾町柴橋、八尾町島地、八尾町下笹原、八尾町下島、八尾町下田池、八尾町下仁歩、八尾町下乗嶺、八尾町下牧、八尾町清水、八尾町城生、八尾町新田、八尾町新名、八尾町杉平、八尾町杉田、八尾町須郷、八尾町薄尾、八尾町石戸、八尾町専沢、八尾町草蓮坂、八尾町外堀、八尾町高尾、八尾町高熊、八尾町高瀬、八尾町高野、八尾町高橋、八尾町高峯、八尾町滝谷、八尾町滝脇、八尾町竹ノ内、八尾町舘本郷、八尾町田中、八尾町谷折、八尾町田頭、八尾町天満町、八尾町栃折、八尾町土玉生、八尾町道畑下中山、八尾町中島、八尾町中栃通、八尾町中仁歩、八尾町中山、八尾町夏前、八尾町西原、八尾町西川倉、八尾町西葛坂、八尾町西神通、八尾町西松瀬、八尾町布谷、八尾町野飼、八尾町野須郷、八尾町乗嶺、八尾町花房、八尾町東川倉、八尾町東葛坂、八尾町東布谷、八尾町東原、八尾町東松瀬、八尾町平沢、八尾町平林、八尾町深谷、八尾町福島、八尾町福島3〜7、八尾町二屋、八尾町武道原、八尾町細滝、八尾町正間、八尾町松原、八尾町丸山、八尾町翠尾、八尾町水谷、八尾町水無、八尾町三田、八尾町三ツ松、八尾町水口、八尾町峯、八尾町宮ケ島、八尾町宮腰、八尾町宮ノ下、八尾町茗ケ島、八尾町茗ケ原、八尾町妙川寺、八尾町村杉、八尾町滅鬼、八尾町保内1〜3、八尾町安谷、八尾町谷内、八尾町八十島、八尾町八尾町、八尾町山中、八尾町柚木、八尾町横平、八尾町吉友、八尾町鼠谷、八尾町猟師ケ原、八尾町和山、山田赤目谷、山田居舟、山田今山田、山田鎌倉、山田北山、山田高清水、山田小島、山田小谷、山田清水、山田白井谷、山田宿坊、山田数納、山田谷、山田中瀬、山田中村、山田鍋谷、山田沼又、山田深道、山田牧、山田湯、山田若狭、山田若土、横樋、吉野、和田、割山）、**魚津市、滑川市、黒部市、中新川郡**（舟橋村、上市町、立山町）、**下新川郡**（入善町、朝日町）

第3区 **高岡市、氷見市、砺波市、小矢部市、南砺市、射水市**

石 川

第 1 区　**金沢市**
第 2 区　**小松市、加賀市、白山市、能美市、野々
　　　　 市市、能美郡**（川北町）
第 3 区　**七尾市、輪島市、珠洲市、羽咋市、かほ
　　　　 く市、河北郡**（津幡町、内灘町）**、羽咋
　　　　 郡**（志賀町、宝達志水町）**、鹿島郡**（中
　　　　 能登町）**、鳳珠郡**（穴水町、能登町）

福 井

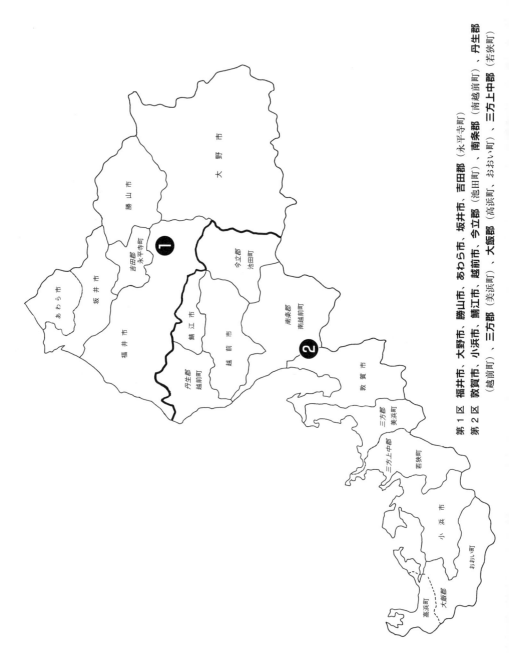

第1区 福井市、大野市、勝山市、あわら市、坂井市、吉田郡（永平寺町）

第2区 敦賀市、小浜市、鯖江市、越前市、今立郡（池田町）、南条郡（南越前町）、丹生郡（越前町）、三方郡（美浜町）、大飯郡（高浜町、おおい町）、三方上中郡（若狭町）

山　梨

第１区　**甲府市、韮崎市、南アルプス市、北杜市、甲斐市、中央市、西八代郡**（市川三郷町）、**南巨摩郡**（早
　　　　川町、身延町、南部町、富士川町）、**中巨摩郡**（昭和町）
第２区　**富士吉田市、都留市、山梨市、大月市、笛吹市、上野原市、甲州市、南都留郡**（道志村、西桂町、忍
　　　　野村、山中湖村、鳴沢村、富士河口湖町）、**北都留郡**（小菅村、丹波山村）

長野

第1区 **長野市**（本庁管内、篠ノ井・松代・若穂・川中島・更北・七二会・信更・古里・柳原・浅川・大豆島・朝陽・若槻・長沼・安茂里・小田切・芋井・芹田・古牧・三輪・吉田支所管内）、**須坂市、中野市、飯山市、上高井郡**（小布施町、高山村）、**下高井郡**（山ノ内町、木島平村、野沢温泉村）、**下水内郡**（栄村）

第2区 **長野市**（豊野・戸隠・鬼無里・大岡・信州新町・中条地区）、**松本市、大町市、安曇野市、東筑摩郡**（麻績村、生坂村、山形村、朝日村、筑北村）、**北安曇郡**（池田町、松川村、白馬村、小谷村）、**上水内郡**（信濃町、小川村、飯綱町）

第3区 **上田市、小諸市、佐久市、千曲市、東御市、南佐久郡**（小海町、川上村、南牧村、南相木村、北相木村、佐久穂町）、**北佐久郡**（軽井沢町、御代田町、立科町）、**小県郡**（青木村、長和町）、**埴科郡**（坂城町）

第4区 **岡谷市、諏訪市、茅野市、塩尻市、諏訪郡**（下諏訪町、富士見町、原村）、**木曽郡**（上松町、南木曽町、木祖村、王滝村、大桑村、木曽町）

第5区 **飯田市、伊那市、駒ヶ根市、上伊那郡**（辰野町、箕輪町、飯島町、南箕輪村、中川村、宮田村）、**下伊那郡**（松川町、高森町、阿南町、阿智村、平谷村、根羽村、下條村、売木村、天龍村、泰阜村、喬木村、豊丘村、大鹿村）

岐阜

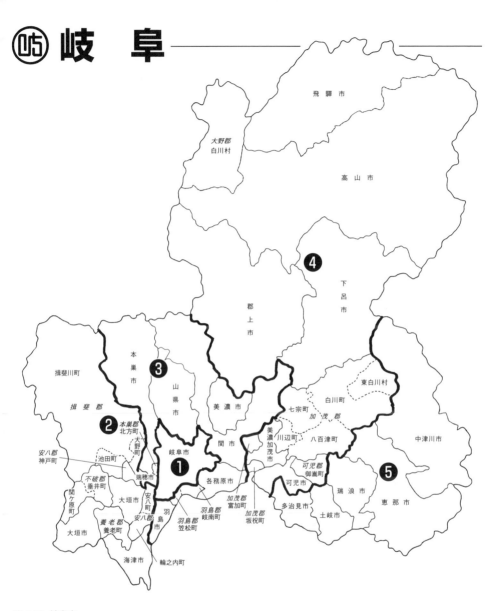

第1区　**岐阜市**

第2区　**大垣市、海津市、養老郡**（養老町）、**不破郡**（垂井町、関ケ原町）、**安八郡**（神戸町、輪之内町、安八町）、**揖斐郡**（揖斐川町、大野町、池田町）

第3区　**関市、美濃市、羽島市、各務原市、山県市、瑞穂市、本巣市、羽島郡**（岐南町、笠松町）、**本巣郡**（北方町）

第4区　**高山市、美濃加茂市、可児市、飛騨市、郡上市、下呂市、加茂郡**（坂祝町、富加町、川辺町、七宗町、八百津町、白川町、東白川村）、**可児郡**（御嵩町）、**大野郡**（白川村）

第5区　**多治見市、中津川市、瑞浪市、恵那市、土岐市**

静 岡

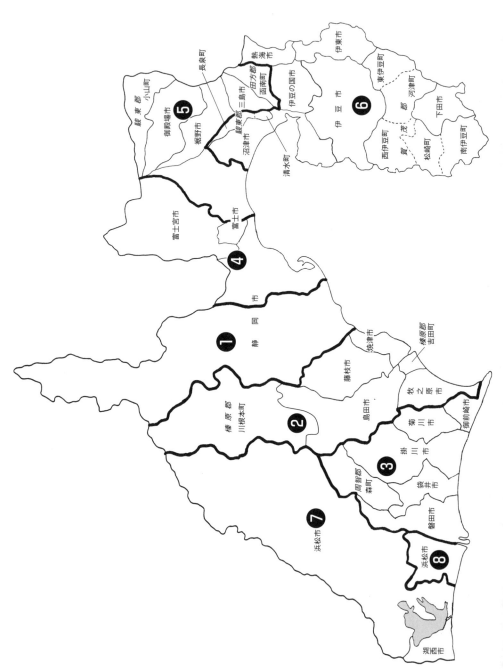

静岡県

駿東郡 小山町
御殿場市
裾野市
長泉町
③5
三島市 熱海市
田方郡 函南町
駿東郡 伊豆の国市
沼津市
清水町
伊東市
東伊豆町
伊豆市 ⑥
賀 河津町
茂 下田市
郡 松崎町
西伊豆町 南伊豆町

富士宮市
富士市 ④

静岡市 ①
焼津市
榛原郡 吉田町

藤枝市
榛原郡
川根本町
②
島田市
牧之原市
菊川市
御前崎市

掛川市 ③
周智郡 森町
袋井市

⑦
浜松市
磐田市

⑧
浜松市
湖西市

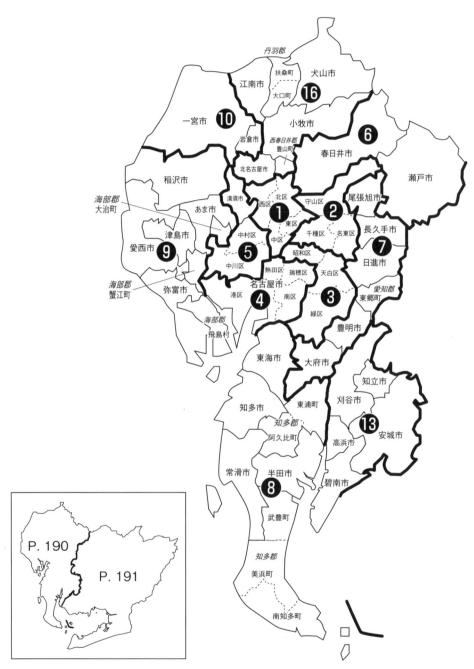

丹羽郡
江南市
扶桑町　犬山市
大口町
16
一宮市　10　小牧市
岩倉市　　　　　　6
西春日井郡　春日井市
北名古屋市　豊山町
稲沢市　　　　　　　　　瀬戸市
海部郡　　清須市　北区
大治町　あま市　西区　守山区　尾張旭市
1　2
東区　千種区　名東区　長久手市
津島市　中村区　中区　　　　　7
愛西市　9　　昭和区　　　日進市
中川区　熱田区　瑞穂区　天白区
海部郡　　　名古屋市　愛知郡
蟹江町　弥富市　4　港区　南区　緑区　東郷町
海部郡　　　　　　　　　　　　3
飛島村　　　　　　　　　　豊明市
東海市　大府市
知立市
知多市　　　　　刈谷市
知多郡　　東浦町　　　13
阿久比町　　高浜市　安城市
常滑市　半田市
8　　碧南市
武豊町

知多郡
美浜町

南知多町

P. 190
P. 191

190

豊根村

設楽町　北設楽郡

東栄町

⑪
豊田市

みよし市

⑭
新城市

⑫
岡崎市

額田郡
幸田町

西尾市　蒲郡市　豊川市

豊橋市

⑮

田原市

第1区　**名古屋市**［東区、北区、西区、中区］
第2区　**名古屋市**［千種区、守山区、名東区］
第3区　**名古屋市**［昭和区、緑区、天白区］
第4区　**名古屋市**［瑞穂区、熱田区、港区、南区］
第5区　**名古屋市**［中村区、中川区］、**清須市**
第6区　**瀬戸市、春日井市**
第7区　**大府市、尾張旭市、豊明市、日進市、長久手市、愛知郡**（東郷町）
第8区　**半田市、常滑市、東海市、知多市、知多郡**（阿久比町、東浦町、南知多町、美浜町、武豊町）
第9区　**津島市、稲沢市、愛西市、弥富市、あま市、海部郡**（大治町、蟹江町、飛島村）
第10区　**一宮市、岩倉市**
第11区　**豊田市、みよし市**
第12区　**岡崎市、西尾市**
第13区　**碧南市、刈谷市、安城市、知立市、高浜市**
第14区　**豊川市、蒲郡市、新城市、額田郡**（幸田町）、**北設楽郡**（設楽町、東栄町、豊根村）
第15区　**豊橋市、田原市**
第16区　**犬山市、江南市、小牧市、北名古屋市、西春日井郡**（豊山町）、**丹羽郡**（大口町、扶桑町）

三　重

第1区　**津市、松阪市**

第2区　**四日市市**（日永・四郷・内部・塩浜・小山田・河原田・水沢・楠地区市民センター管内）、**鈴鹿市、名張市、亀山市、伊賀市**

第3区　**四日市市**（富洲原・富田・羽津・常磐・川島・神前・桜・三重・県・八郷・下野・大矢知・保々・海蔵・橋北・中部地区市民センター管内）、**桑名市、いなべ市、桑名郡**（木曽岬町）、**員弁郡**（東員町）、**三重郡**（菰野町、朝日町、川越町）

第4区　**伊勢市、尾鷲市、鳥羽市、熊野市、志摩市、多気郡**（多気町、明和町、大台町）、**度会郡**（玉城町、度会町、大紀町、南伊勢町）、**北牟婁郡**（紀北町）、**南牟婁郡**（御浜町、紀宝町）

滋　賀

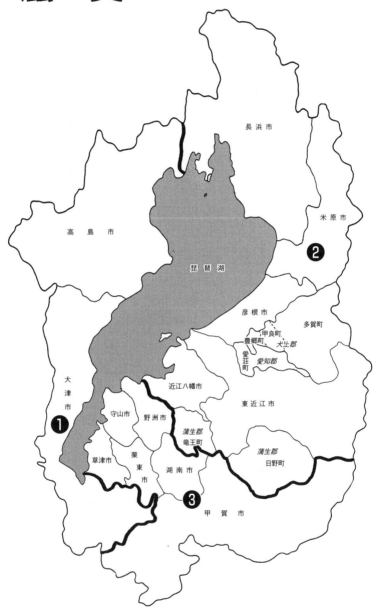

第1区　**大津市、高島市**
第2区　**彦根市、長浜市、東近江市、近江八幡市、米原市、愛知郡**（愛荘町）、**犬上郡**（豊郷町、甲良町、
　　　　多賀町）、**蒲生郡**（日野町、竜王町）
第3区　**草津市、守山市、栗東市、野洲市、甲賀市、湖南市**

✿ 京 都

第1区 **京都市**［北区、上京区、中京区、下京区、南区］

第2区 **京都市**［左京区、東山区、山科区］

第3区 **京都市**［伏見区］、**向日市、長岡京市、乙訓郡**（大山崎町）

第4区 **京都市**［右京区、西京区］、**亀岡市、南丹市、船井郡**（京丹波町）

第5区 **福知山市、舞鶴市、綾部市、宮津市、京丹後市、与謝郡**（伊根町、与謝野町）

第6区 **宇治市、城陽市、八幡市、京田辺市、木津川市、久世郡**（久御山町）、**綴喜郡**（井手町、宇治田原町）、**相楽郡**（笠置町、和束町、精華町、南山城村）

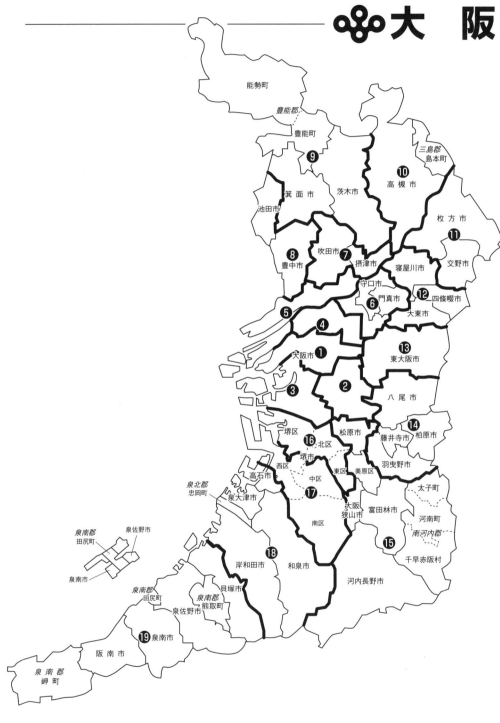

大 阪

能勢町

豊能郡

豊能町

三島郡
島本町

❾

箕面市

茨木市

高槻市 ❿

池田市

枚方市

❶❶

交野市

吹田市 ❼

摂津市

寝屋川市

❽
豊中市

守口市

門真市

四條畷市 ⓬

❻

大東市

❺

❹

大阪市

東大阪市 ⓭

❶

❷

八尾市

❸

堺区

松原市

藤井寺市 柏原市 ⓮

美原区

羽曳野市

⓰ 北区

堺市

西区

太子町

高石市

東区

河南町

忠岡町

中区

泉北郡

大阪
狭山市

富田林市

南河内郡

泉大津市

⓱

南区

泉佐野市

田尻町

和泉市

⓯

千早赤阪村

泉南市

岸和田市 ⓲

河内長野市

貝塚市

泉南郡
田尻町

泉南郡
熊取町

泉佐野市

⓳ 泉南市

阪南市

泉南郡
岬町

大阪市

第 1 区　**大阪市**［中央区、西区、
　　　　港区、天王寺区、浪速区、東成区］
第 2 区　**大阪市**［生野区、阿倍野区、東住吉区、平野区］
第 3 区　**大阪市**［大正区、住之江区、住吉区、西成区］
第 4 区　**大阪市**［北区、都島区、福島区、城東区］
第 5 区　**大阪市**［此花区、西淀川区、淀川区、東淀川区］
第 6 区　**大阪市**［旭区、鶴見区］、**守口市、門真市**
第 7 区　**吹田市、摂津市**
第 8 区　**豊中市、池田市**
第 9 区　**茨木市、箕面市、豊能郡**（豊能町、能勢町）
第10区　**高槻市、三島郡**（島本町）
第11区　**枚方市、交野市**
第12区　**寝屋川市、大東市、四條畷市**
第13区　**東大阪市**
第14区　**八尾市、柏原市、羽曳野市、藤井寺市**
第15区　**堺市**［美原区］、**富田林市、河内長野市、松原市、大阪狭山市、南河内郡**（太子町、河南町、千早赤阪村）
第16区　**堺市**［堺区、東区、北区］
第17区　**堺市**［中区、西区、南区］
第18区　**岸和田市、泉大津市、和泉市、高石市、泉北郡**（忠岡町）
第19区　**貝塚市、泉佐野市、泉南市、阪南市、泉南郡**（熊取町、田尻町、岬町）

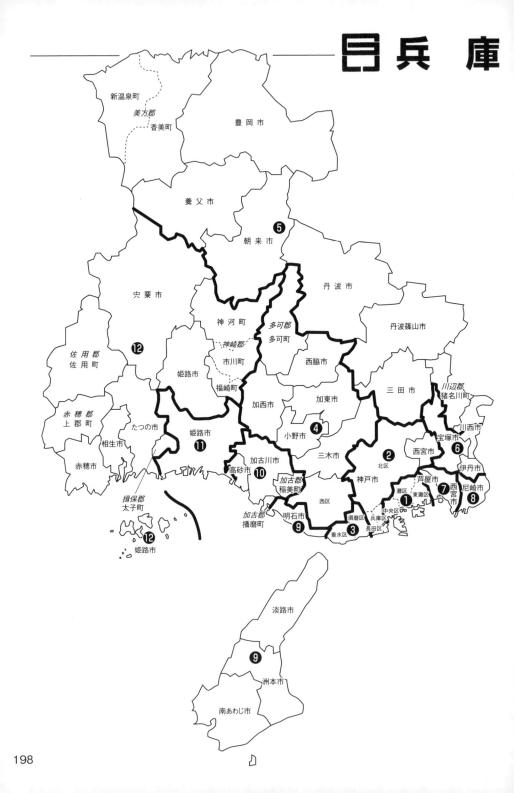

兵 庫

新温泉町
美方郡
香美町

豊岡市

養父市

朝来市 ❺

宍粟市

神河町
神崎郡

丹波市

多可郡
多可町

丹波篠山市

佐用郡
佐用町

❶❷

姫路市

市川町

福崎町

加西市

西脇市

加東市

三田市

川辺郡
猪名川町

川西市

宝塚市 ❻

赤穂郡
上郡町

相生市

たつの市

姫路市 ⓫

小野市

❹

三木市

西宮市

伊丹市

芦屋市

尼崎市 ❽

赤穂市

揖保郡
太子町

高砂市 ❿

加古川市

加古郡
稲美町

西区

神戸市

北区 ❷

灘区

中央区 東灘区 ❼

兵庫区

須磨区 ❶

長田区

西宮市

姫路市 ⑫

加古郡
播磨町

明石市 ❾

垂水区 ❸

淡路市

洲本市 ❾

南あわじ市

第 1 区　**神戸市**［東灘区、灘区、中央区］

第 2 区　**神戸市**［兵庫区、北区、長田区］、**西宮市**（塩瀬・山口支所管内）

第 3 区　**神戸市**［須磨区、垂水区］

第 4 区　**神戸市**［西区］、**西脇市、三木市、小野市、加西市、加東市、多可郡**（多可町）

第 5 区　**豊岡市、川西市**（平野＜字カキヲジ原に限る。＞、石道、虫生、赤松、柳谷、芋生、若宮、清和台東1～5、清和台西1～5、けやき坂1～5、西畦野＜字丸山及び字東通りを除く。＞、一庫、国崎、黒川、横路、大和東1～5、大和西1～5、美山台1～3、丸山台1～3、見野1～3、東畦野、東畦野1～6、東畦野山手1～2、長尾町、西畦野1～2、山原、山原1～2、緑が丘1～2、山下町、山下、笹部1～3、笹部、下財町、一庫1～3）、**三田市、丹波篠山市、養父市、丹波市、朝来市、川辺郡**（猪名川町）、**美方郡**（香美町、新温泉町）

第 6 区　**伊丹市、宝塚市、川西市**（第5区に属しない区域）

第 7 区　**西宮市**（本庁管内、甲東・瓦木・鳴尾支所管内）、**芦屋市**

第 8 区　**尼崎市**

第 9 区　**明石市、洲本市、南あわじ市、淡路市**

第10区　**加古川市、高砂市、加古郡**（稲美町、播磨町）

第11区　**姫路市**（相野、青山、青山1～6、青山北1～3、青山西1～5、青山南1～4、朝日町、阿保、網干区（網干浜、大江島、大江島寺前町、大江島古川町、興浜、垣内北町、垣内中町、垣内西町、垣内東町、垣内本町、垣内南町、北新在家、坂出、坂上、新在家、田井、高田、津市場、浜田、福井、宮内、余子浜、和久）、嵐山町、飯田、飯田1～3、生野町、石倉、市川台1～3、市川橋通1～2、市之郷、市之郷町1～4、伊伝居、威徳寺町、井ノ口、今宿、岩端町、魚町、打越、梅ケ枝町、梅ケ谷町、駅前町、太市中、大塩町、大塩町汐咲1～3、大塩町宮前、大津区（恵美酒町1～2、大津町1～4、勘兵衛町1～5、北天満町、吉美、新町1～2、天神町1～2、天満、長松、西土井、平松、真砂町）、大野町、岡田、岡町、奥山、鍵町、柿山伏、鍛冶町、片田町、刀出、刀出栄立町、勝原区（朝日谷、大谷、勝原町、勝山町、熊見、下太田、宮田、山戸、丁）、金屋町、兼田、上大野1～7、上片野、上手野、神屋町、神屋町1～6、亀井町、亀山、亀山1～2、川西、川西台、神田町1～4、北今宿1～3、北新在家1～3、北原、北平野1～6、北平野奥垣内、北平野台町、北平野南の町、北八代1～2、北夢前台1～2、木場、木場十八反町、木場前中町、木場前七反町、京口町、京町1～3、楠町、久保町、栗山町、車崎1～3、景福寺前、国府寺町、五軒邸1～4、小姓町、琴岡町、古二階町、河間町、呉服町、米屋町、小利木町、五郎右衛門邸、紺屋町、西庄、材木町、幸町、堺町、坂田町、坂元町、定元町、三左衛門堀西の町、三左衛門堀東の町、三条町1～2、塩町、飾磨区（英賀、英賀春日町1～2、英賀清水町1～3、英賀西町1～3、英賀東町1～2、英賀保駅前町、英賀宮台、英賀宮町1～2、阿成、阿成植木、阿成鹿古、阿成下垣内、阿成中垣内、阿成渡場、今在家、今在家2～7、今在家北1～3、入船町、恵美酒、大浜、粕谷新町、構、構1～5、鎌倉町、上野田1～6、亀山、加茂、加茂北、加茂東、加茂南、御幸、栄町、三和町、思案橋、清水、清水1～3、下野田1～4、城南町1～3、須加、高町、高町1～2、蓼野町、玉地、玉地1～3、付城、付城1～2、天神、都倉1～3、中島、中島1～3、中野田1～4、中浜町1～3、西浜町1～3、野田町、東堀、富士見ケ丘町、細江、堀川町、宮、三宅1～3、妻鹿、妻鹿東海町、妻鹿常盤町、妻鹿日田町、矢倉町1～2、山崎、山崎台、若宮町）、飾西、飾西台、飾東町大釜、飾東町大釜新、飾東町小原、飾東町小原新、飾東町唐端新、飾東町北野、飾東町北山、飾東町清住、飾東町佐良和、飾東町塩崎、飾東町志吹、飾東町庄、飾東町豊国、飾東町八重畑、飾東町山崎、飾東町夕陽ケ丘、四郷町明田、四郷町上鈴、四郷町坂元、四郷町中鈴、四郷町東阿保、四郷町本郷、四郷町見野、四郷町山脇、東雲町1～6、忍町、実法寺、下手野1～6、下寺町、十二所前町、庄田、城東町、城東町京口台、城東町五軒屋、城東町清水、城東町竹之門、城東町中河原、城東町野田、城東町毘沙門、城北新町1～3、城北本町、書写、書写台1～3、白国、白国1～5、白浜町、白浜町宇佐崎北1～3、白浜町宇佐崎中1～3、白浜町宇佐崎南1～2、白浜町神田1～2、白浜町寺家1～2、白浜町灘浜、白銀町、城見台1～4、城見町、新在家、新在家1～4、新在家中の町、新在家本町1～6、神和町、菅生台、総社本町、大黒壱丁町、大寿台1～2、大善町、田井台、高岡新

町、高尾町、鷹匠町、竹田町、龍野町1〜6、立町、田寺1〜8、田寺東1〜4、田寺山手町、玉手、玉手1〜4、地内町、中地、中地南町、町田、町坪、町坪南町、千代田町、継、佃町、辻井1〜9、土山1〜7、土山東の町、手柄、手柄1〜2、天神町、東郷町、同心町、豆腐町、砥堀、苫編、苫編南1〜2、豊沢町、豊富町甲丘1〜4、豊富町神谷、豊富町豊富、豊富町御蔭、名古山町、南条、南条1〜3、二階町、西今宿1〜8、西駅前町、西新在家1〜3、西新町、西大寿台、西中島、西二階町、西延末、西八代町、西夢前台1〜3、西脇、仁豊野、農人町、南畝町、南畝町1〜2、野里、野里上野町1〜2、野里慶雲寺前町、野里新町、野里月丘町、野里寺町、野里中町、野里東同心町、野里東町、野里堀留町、野里大和町、延末、延末1、白鳥台1〜3、博労町、橋之町、花影町1〜4、花田町一本松、花田町小川、花田町加納原田、花田町上原田、花田町高木、花田町勅旨、林田町大堤、林田町奥佐見、林田町上伊勢、林田町上構、林田町口佐見、林田町久保、林田町下伊勢、林田町下構、林田町新町、林田町中構、林田町中山下、林田町林田、林田町林谷、林田町松山、林田町六九谷、林田町八幡、林田町山田、東今宿1〜6、東駅前町、東辻井1〜4、東延末、東延末1〜5、東山、東夢前台1〜3、日出町1〜3、平野町、広畑区（吾妻町1〜3、大町1〜3、蒲田、蒲田1〜5、北河原町、北野町1〜2、京見町、小坂、小松町1〜4、才、清水町1〜3、城山町、末広町1〜3、正門通1〜4、高浜町1〜4、鶴町1〜2、長町1〜2、西蒲田、西夢前台4〜8、則直、早瀬町1〜3、東新町1〜3、東夢前台4、富士町、本町1〜6、夢前町1〜4）、広峰1〜2、広嶺山、福居町、福沢町、福中町、福本町、藤ケ台、双葉町、船丘町、船津町、船橋町2〜6、別所町家具町、別所町北宿、別所町小林、別所町佐土、別所町佐土1〜3、別所町佐土新、別所町別所、別所町別所1〜5、北条、北条1、北条梅原町、北条口1〜5、北条永良町、北条宮の町、保城、坊主町、峰南町、本町、増位新町1〜2、増位本町1〜2、的形町福泊、的形町的形、丸尾町、御国野町国分寺、御国野町御着、御国野町西御着、御国野町深志野、神子岡前1〜4、御立北1〜4、御立中1〜8、御立西1〜6、御立東1〜6、緑台1〜2、南今宿、南駅前町、南車崎1〜2、南新在家、南町、南八代町、宮上町1〜2、宮西町1〜4、睦町、元塩町、元町、八家、八木町、八代、八代東光寺町、八代本町1〜2、八代緑ケ丘町、八代宮前町、安田1〜4、柳町、山田町北山田、山田町多田、山田町西山田、山田町牧野、山田町南山田、山野井町、山畑新田、山吹1〜2、吉田町、米田町、余部区（上川原、上余部、下余部）、六角、若菜町1〜2、綿町）

第12区　**姫路市**（家島町、夢前町、香寺町、安富町）、**相生市**、**赤穂市**、**宍粟市**、**たつの市**、**神崎郡**（市川町、福崎町、神河町）、**揖保郡**（太子町）、**赤穂郡**（上郡町）、**佐用郡**（佐用町）

奈 良

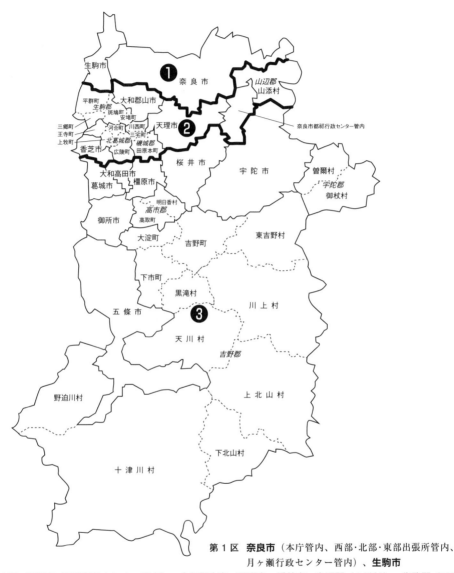

第1区 **奈良市**（本庁管内、西部・北部・東部出張所管内、月ヶ瀬行政センター管内）、**生駒市**

第2区 **奈良市**（都祁行政センター管内）、**大和郡山市、天理市、香芝市、山辺郡**（山添村）、**生駒郡**（平群町、三郷町、斑鳩町、安堵町）、**磯城郡**（川西町、三宅町、田原本町）、**北葛城郡**（上牧町、王寺町、広陵町、河合町）

第3区 **大和高田市、橿原市、桜井市、五條市、御所市、葛城市、宇陀市、宇陀郡**（曽爾村、御杖村）、**高市郡**（高取町、明日香村）、**吉野郡**（吉野町、大淀町、下市町、黒滝村、天川村、野迫川村、十津川村、下北山村、上北山村、川上村、東吉野村）

和歌山

第1区 **和歌山市、紀の川市、岩出市**

第2区 **海南市、橋本市、有田市、御坊市、田辺市、新宮市、海草郡**（紀美野町）、**伊都郡**（かつらぎ町、
　　　九度山町、高野町）、**有田郡**（湯浅町、広川町、有田川町）、**日高郡**（美浜町、日高町、由良町、
　　　印南町、みなべ町、日高川町）、**西牟婁郡**（白浜町、上富田町、すさみ町）、**東牟婁郡**（那智勝浦
　　　町、太地町、古座川町、北山村、串本町）

鳥 取

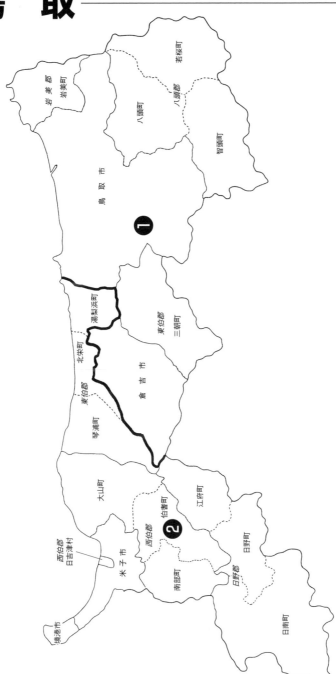

第1区 **鳥取市、倉吉市、岩美郡**（岩美町）、**八頭郡**（若桜町、智頭町、八頭町）、**東伯郡**（三朝町、
湯梨浜町、琴浦町、北栄町）、**西伯郡**（日吉津村、大山町、南部町、
伯耆町）、**日野郡**（日南町、日野町、江府町）

第2区 **米子市、境港市、東伯郡**

島 根

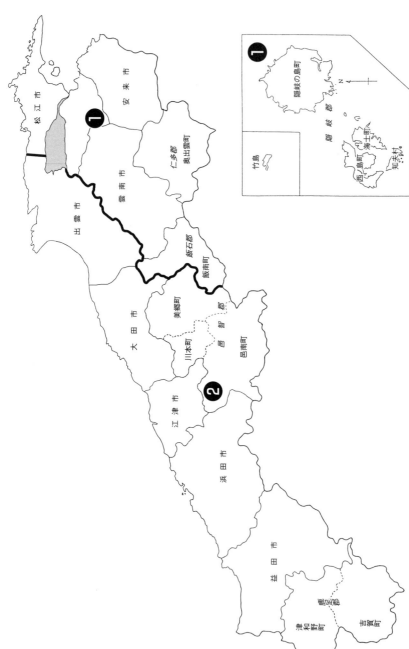

第1区 **松江市、安来市、雲南市、仁多郡**（奥出雲町）、**隠岐郡**（海土町、西ノ島町、知夫村、隠岐の島町）、
　　　飯石郡（飯南町）
第2区 **浜田市、出雲市、大田市、江津市、益田市、邑智郡**（川本町、美郷町、邑南町）、**鹿足郡**（津和野町、吉賀町）

 岡　山

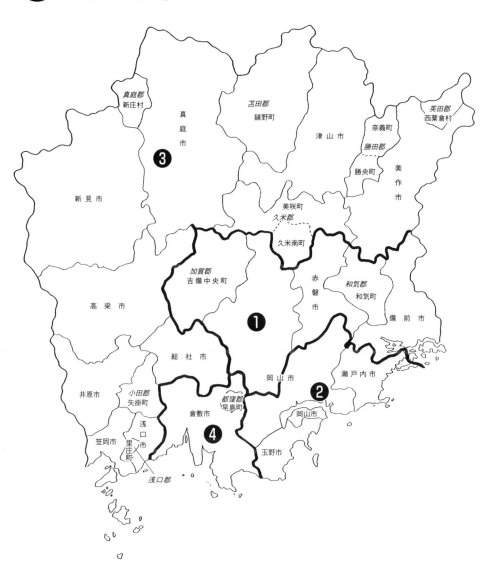

第1区　**岡山市**［北区］、**備前市、赤磐市、和気郡**（和気町）、**加賀郡**（吉備中央町）

第2区　**岡山市**［中区、東区、南区］、**玉野市、瀬戸内市**

第3区　**津山市、笠岡市、井原市、総社市、高梁市、新見市、真庭市、美作市、浅口市、浅口郡**（里庄町）、**小田郡**（矢掛町）、**真庭郡**（新庄村）、**苫田郡**（鏡野町）、**勝田郡**（勝央町、奈義町）、**英田郡**（西粟倉村）、**久米郡**（久米南町、美咲町）

第4区　**倉敷市、都窪郡**（早島町）

広　島

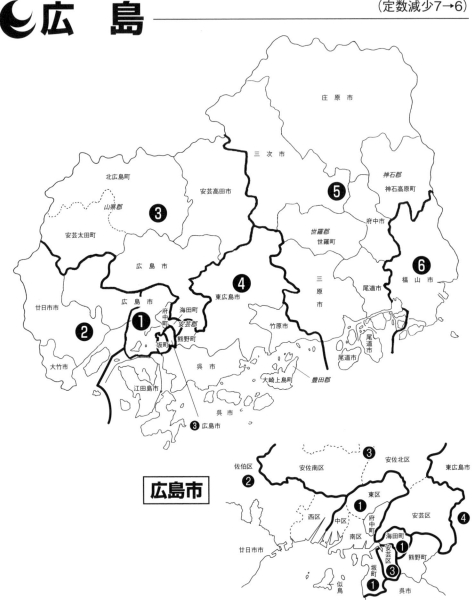

広島市

第 1 区　**広島市**［中区、東区、南区］、**安芸郡**（府中町、海田町、坂町）
第 2 区　**広島市**［西区、佐伯区］、**大竹市**、**廿日市市**
第 3 区　**広島市**［安佐南区、安佐北区、安芸区］、**安芸高田市**、**山県郡**（安芸太田町、北広島町）
第 4 区　**呉市**、**竹原市**、**東広島市**、**江田島市**、**豊田郡**（大崎上島町）、**安芸郡**（熊野町）
第 5 区　**三原市**、**尾道市**、**府中市**、**三次市**、**庄原市**、**世羅郡**（世羅町）、**神石郡**（神石高原町）
第 6 区　**福山市**

◉ 山 口

（定数減少4→3）

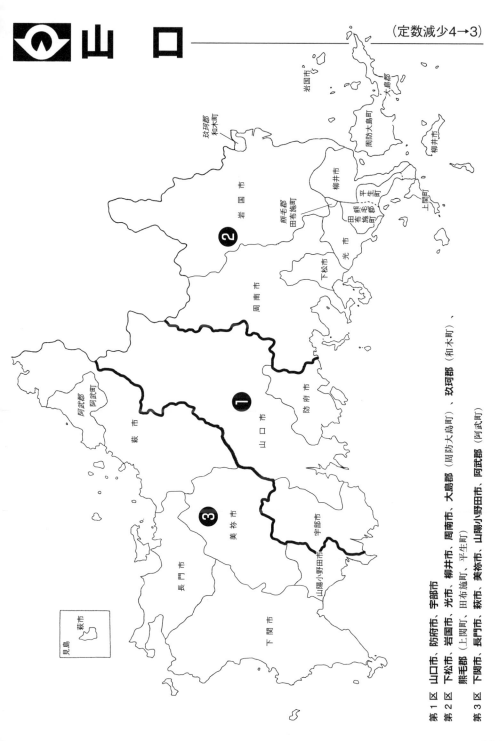

第 1 区　山口市、防府市、宇部市
第 2 区　下松市、岩国市、光市、柳井市、周南市、大島郡（周防大島町）、玖珂郡（和木町）、
　　　　熊毛郡（上関町）、田布施町、平生町）
第 3 区　下関市、長門市、萩市、美祢市、山陽小野田市、阿武郡（阿武町）

207

徳　島

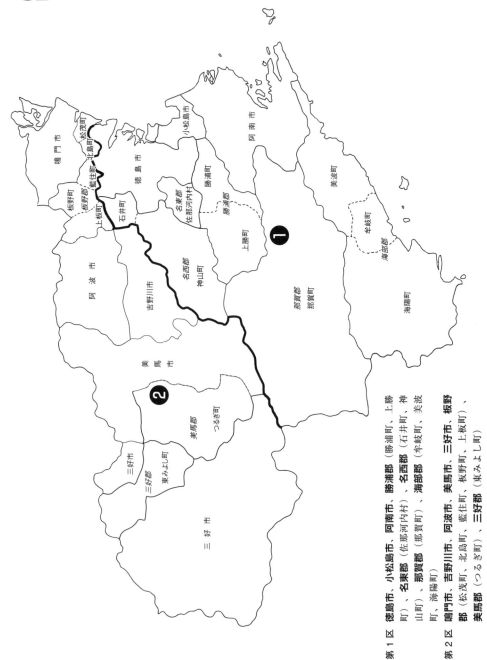

第1区　**徳島市、小松島市、阿南市、勝浦郡**（勝浦町、上勝町）、**名西郡**（佐那河内村）、**名西郡**（石井町、神山町）、**那賀郡**（那賀町）、**海部郡**（牟岐町、美波町、海陽町）

第2区　**鳴門市、吉野川市、阿波市、美馬市、三好市、板野郡**（松茂町、北島町、藍住町、板野町、上板町）、**美馬郡**（つるぎ町）、**三好郡**（東みよし町）

ふ 香 川

第1区 **高松市**（本庁管内、勝賀総合センター管内、山田支所管内、鶴尾・太田・木太・古高松・屋島・前田・川添・林・三谷・仏生山・一宮・多肥・川岡・円座・檀紙・女木・男木出張所管内）、**小豆郡**（土庄町・小豆島町）、**香川郡**（直島町）

第2区 **高松市**（旧牟礼町、旧香川町、旧国分寺町、旧塩江江町、旧庵治町、旧綾歌・飯山市民総合センター管内）、**坂出市**、**さぬき市**、**東かがわ市**、**木田郡**（三木町）、**綾歌郡**（綾歌、宗古町、魚屋町、松屋町、米屋町、葭町、宗古町、御供所町1～2、富士見町1～5、北平山町1～2、西平山町1～2、浜町、新浜町、蓬莱町、城西町1～2、城南町、大手町1～3、中府町、塩飽町1～3、昭和町、前塩屋町1～2、天満町1～2、本島町小阪、本島町福田、本島町大浦、本島町甲生、本島町泊、本島町尻浜、本島町福田、原田団地、飯野町東二、土器町北1～2、郡家町、三条町、原田町、広島町甲路、広島町茂浦、広島町青木、手島町井、手島町、広島町立石、広島町釜の越、広島町江の浦、土器町東1～9、土器町西1～8、広島町北1～2、まんのう町）

第3区 **丸亀市**（土居町1～3、城東町1～3、風袋町、瓦町、葭町、米屋町、本町、南条町、新町、浜町、福島町1～2、城南町、城西町、山北町、大手町、十番丁、九番丁、八番丁、七番丁、六番丁、五番丁、四番丁、三番丁、二番丁、一番丁、港町、幸町、平山町、今津町、新田町、津森町、田村町、杵原町、川西町北、川西町南、土器町北、土器町立石、広島町江の浦、広島町釜の越、広島町甲路、広島町茂浦、本島町生ノ浜、牛島、本島町尻浜、飯野町東分、飯野町西分、飯野町東二、綾野町東分、垂水町、小手島町、金倉町）、**善通寺市**、**観音寺市**、**三豊市**、**仲多度郡**（琴平町、多度津町、まんのう町）

愛　媛

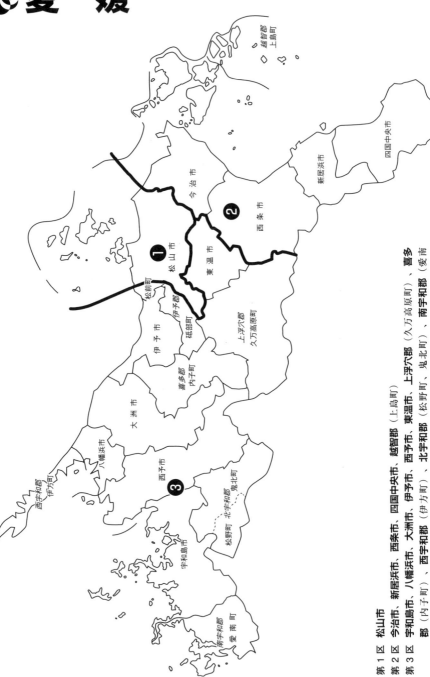

第 1 区 松山市
第 2 区 今治市、新居浜市、西条市、四国中央市、越智郡 (上島町)
第 3 区 宇和島市、八幡浜市、大洲市、伊予市、西予市、東温市 (松野町、鬼北町)、北宇和郡 (愛南町)、喜多郡 (内子町)、西宇和郡 (伊方町)、南宇和郡 (愛南町)、伊予郡 (松前町、砥部町)、上浮穴郡 (久万高原町)、南宇和郡

参考資料

参議院議員通常選挙（地方区・選挙区）投票率の推移

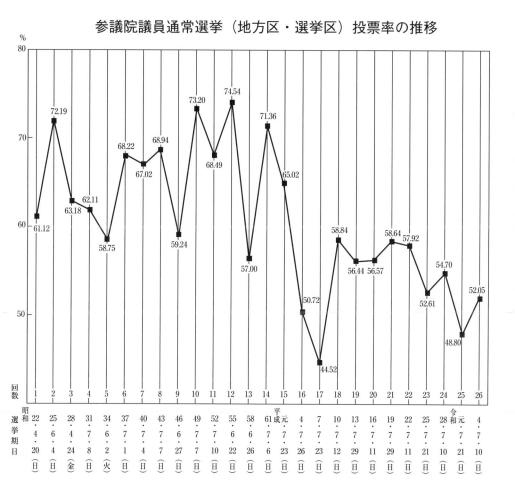

高　知

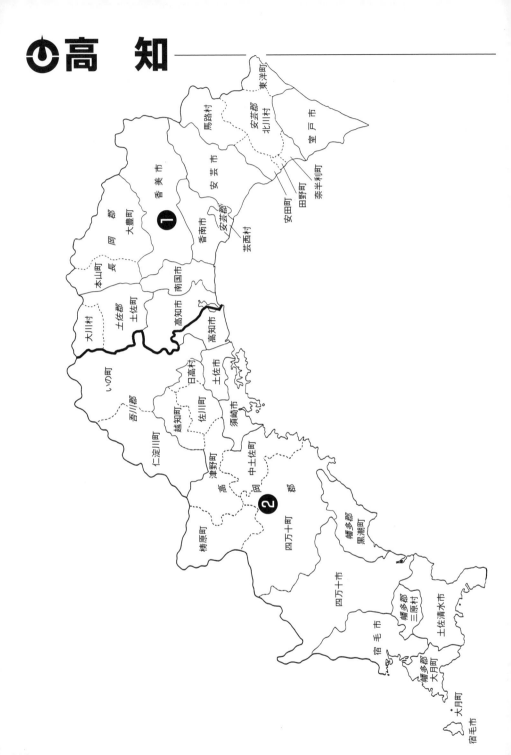

東洋町
安芸郡
北川村
室戸市
馬路村
安芸市
香南市
安芸郡
安田町
田野町
奈半利町
芸西村
香美市
岡　郡
大豊町
長
本山町
南国市
土佐郡
土佐町
大川村
高知市
高知市
いの町
日高村
土佐市
吾川郡
越知町
佐川町
須崎市
仁淀川町
津野町
中土佐町
高
岡
郡
四万十町
梼原町
幡多郡
黒潮町
四万十市
幡多郡
三原村
土佐清水市
宿毛市
幡多郡
大月町
大月町
宿毛市

第1区 **高知市**（上町1～5、本丁筋、水通町、通町、唐人町、与力町、鷹匠町1～2、廿代町、帯屋町1～2、追手筋1～2、升形、丸ノ内1～2、中の島、九反田、菜園場町、農人町、城見町、堺町、南はりまや町1～2、はりまや町1～3、弘化台、桜井町1～2、宝永町、永国寺町、丸池町、北川添、北久保、南久保、海老ノ丸、中宝永町、南宝永町、二葉町、入明町、洞ヶ島町、若松町、寿町、中水道、伊勢崎町、相模町、南川添、小倉町、東雲町、日の出町、知寄町1～3、青柳町、稲荷町、若松町、高埔、杉井流、北金田、南御座、札場、南御座、北御座、相模町、吉田町、愛宕町1～4、大川筋1～2、駅前町、相生町、江陽町、北本町1～4、新木町1～2、昭和町、和泉町、塩田町、比島町1～4、栄田町1～2、井口町、平和町、三ノ丸、宮前町、西町、大膳町、山ノ端町、桜馬場、城北町、旭町1～3、宝町、小津町、越前町1～2、新屋敷1～2、八反町1～2、井口町、東城山町、城山町、本宮町、東石立町、石立町、玉水町、縄手町、鏡川町、下島町、旭町1～3、赤石町、中須賀町、旭駅前町、旭上町、尾立、蓮台、福井町、上本宮町、大谷、岩ヶ淵、塚ノ原、西塚ノ原、長尾山町、北端町、南元町、横内、口細山、口細山、尾立、連台、高須新木、福井扇町、池、仁井田、種崎、五台山、屋頭、高須、葛島1～4、高須砂地、高須本町、高須1～3、高須東町、高須絶海、高須大島、布師田、一宮中町、一宮、重倉、久札野、鮎野、鮎野西町1～3、動野北町1～4、鮎野東町、鮎野中町、一宮西町1～4、一宮しなね1～2、一宮中町1～2、一宮東町、愛宕東町、東久万、愛宕山、前里、東秦泉寺、中秦泉寺、三園町、西秦泉寺、北秦泉寺、柴巻、円行寺、一ツ橋町1～2、加賀野井1～2、愛宕東町1～2、中久万、西久万、万々、潮見台1～3、鏡大河内、中万々、南万々、みづき1～3、みづき山、大津甲、大津乙、介良甲、介良乙、介良丙、介良、潮見台1～3、鏡大利、鏡梅ノ木、鏡小山、鏡今井、鏡草峰、鏡白岩、鏡的渕、鏡去坂、鏡敷ノ山、鏡柿ノ又、鏡横矢、鏡増原、土佐山弘瀬、土佐山中切、鏡大利、鏡大利、土佐山菖蒲、土佐山西川、土佐山高川、田野町、北川村、馬路村、芸西村）、**長岡郡**（本山町、大豊町）、**室戸市、安芸市、南国市、香美市、香南市、安芸郡**（東洋町、奈半利町、安田町、北川村、大川村）

第2区 **高知市**（土居町、役知町、潮新町1～2、仲間町、北田町、南新田町、新田町、北高見町、高見町、梅ノ辻、桟橋通1～6、天神町、筆山町、塩屋崎町1～2、百石町1～4、南ノ丸町、竹島町、南竹島町、北竹島町、萩町1～2、朝倉甲、朝倉乙、朝倉丙、六泉寺町、孕東町、孕西町、南中山、北中山、幸崎、小石木町、大原町、河ノ瀬町、南河ノ瀬町、南河ノ瀬、若草町1～2、若草南町、朝倉己、朝倉戊、深谷町、宗安寺、行川、上里、顕家、唐岩、曙町1～2、朝倉本町、針木南町、若草東町、鴨部米来、大谷公園町、朝倉南町、朝倉横町、朝倉東町、針木本北1～2、針木本町、針木西、横山町、神田、鴨部高町、鳴部上町、鴨部1～3、長浜、横浜、瀬戸、瀬戸西町1～2、朝倉西町1～3、長浜西町、横浜新町、横浜西町、針木南、鴨部、鴨部、瀬戸1～2、瀬戸南町、横浜南町1～2、横浜、長浜蒔絵台1～2、御畳瀬、浦戸、瀬戸東町1～2、春野町弘岡上、春野町中、春野町弘岡中、弘岡下、春野町西分、春野町芳原、春野町南ヶ丘1～9、春野町東諸木、春野町西諸木、春野町秋山、春野町仁ノ、春野町西畑、春野町森山、佐川町、越知町、日高村、津野町、四万十町、春野町甲殿、春野町平和、春野町内ノ谷、春野町弘岡下、春野町甲殿、いの町、仁淀川町）、**吾川郡**（いの町、仁淀川町）、**高岡郡**（中土佐町、佐川町、越知町、梼原町、日高村、津野町、四万十町、大月町、三原村、黒潮町）、**土佐市、須崎市、宿毛市、土佐清水市、四万十市、四万十町、幡多郡**（大月町、三原村、黒潮町）

213

福　岡

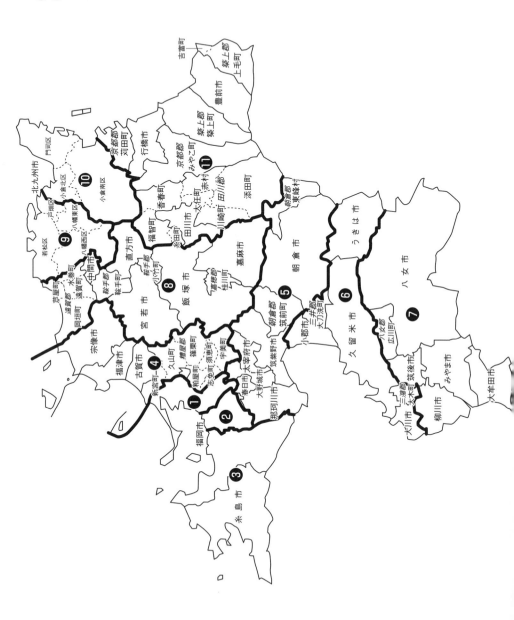

福岡市

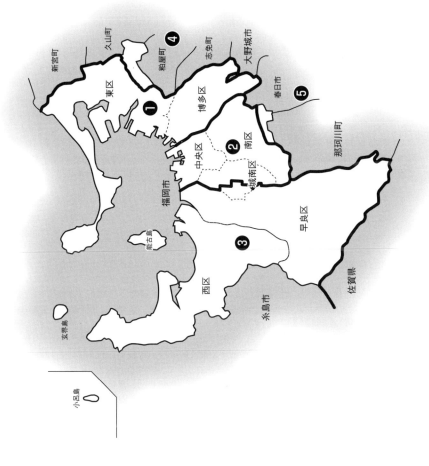

新宮町
久山町
粕屋町 ④
志免町
大野城市
春日市 ⑤
那珂川町

東区
博多区 ①
中央区
福岡市
南区 ②
城南区
早良区 ③
西区
糸島市

能古島
玄界島

小呂島

佐賀県

第 1 区　**福岡市**［博多区、東区（大字勝馬、大字弘、大字志賀島、西戸崎1〜6、大岳1〜4、大字西戸崎、大字奈多、雁の巣1〜2、奈多1〜3、奈多団地、塩浜1〜3、大字三苫、三苫1〜8、美和台新町、美和台1〜7、高美台1〜4、和白東1〜5、和白丘1〜4、和白1〜6、大字上和白、松香台1〜2、唐原1〜7、大字浜男、御島崎1〜2、大字下原、下原1〜5、大字香椎<1番地から118番地までを除く。>、香椎1〜6、香椎台1〜5、香椎駅東1〜4、香椎駅前1〜3、香椎団地、香住ケ丘1〜7、城浜団地、名島1〜5、香椎浜1〜4、香椎照葉1〜7、みなと香椎1〜3、香椎浜ふ頭1〜4、千早1〜6、松崎1〜4、舞松原1〜6、水谷1〜3、若宮2〜5、松島1〜2、松島3<1番から30番まで>、松島4、松島5<1番から20番まで>、松島6、松田1〜3、箱崎1〜7、箱崎ふ頭1〜6、原田1〜4、貝塚団地、東浜1〜2、社領1〜3、郷口町、筥松1〜4、筥松新町、二又瀬、二又瀬新町、馬出1〜6）］

第 2 区　**福岡市**［中央区、南区（那の川1、那の川2<1番から4番までに限る。>、大楠1〜3、清水1〜4、玉川町、塩原1〜4、大橋団地、大橋1〜4、高木1〜3、五十川1〜2、井尻1〜5、折立町、横手1〜4、横手南町、的場1〜2、日佐1〜2、日佐4〜5、向新町1〜2、高宮1〜5、多賀1〜2、向野1〜2、筑紫丘1〜2、野間1〜4、若久団地、若久1〜6、三宅1〜3、南大橋1〜2、和田1〜4、野多目1〜3、野多目4<1番から13番まで、18番1号から18番14号まで、18番61号から18番82番まで及び19番から30番までに限る。>、野多目5、老司1<1番1号から1番17号まで、1番26号から1番48号まで、2番から4番まで、5番18号から5番36号まで、6番及び7番9号から7番28号までに限る。>、市崎1〜2、大池1〜2、平和1〜2、平和4、寺塚1〜2、柳河内1〜2、皿山1〜4、中尾1〜3、花畑1〜4、屋形原1〜5、鶴田4<1番1号から1番8号まで、1番44号から1番47号まで、3番5号から3番24号まで及び3番38号から3番54号までに限る。>、長丘1〜5、長住1〜7、西長住1〜3、大字桧原、桧原1〜7、大平寺1〜2、大字柏原、柏原1<1番から25番まで及び27番から53番までに限る。>、柏原3〜7）、城南区（鳥飼4〜7、別府団地、別府1〜7、城西団地、荒江団地、荒江1、飯倉1、田島1〜6、茶山1〜6、金山団地、七隈1〜2、七隈3<1番から5番まで、8番24号、8番31号から8番44号まで、15番から19番まで、20番1号から20番4号まで及び20番25号から20番67号までに限る。>、松山1〜2、友丘1〜6、友泉亭、長尾1〜5、樋井川1〜7、宝台団地、堤団地、堤1〜2、東油山1〜6、大字東油山、大字片江、片江1〜5、南片江1〜6、西片江1〜2、神松寺1〜3）］

第 3 区　**福岡市**［城南区（七隈3<6番、7番、8番1号から8番23号まで、8番25号から8番30号まで、8番45号、8番46号、9番から14番まで、20番5号から20番24号まで及び21番から23番までに限る。>、七隈4〜8、干隈1〜2、梅林1〜5、大字梅林）、早良区、西区］、**糸島市**

第 4 区　**福岡市**［東区（第1区に属しない区域）］、**宗像市**、**古賀市**、**福津市**、**糟屋郡**（宇美町、篠栗町、志免町、須恵町、新宮町、久山町、粕屋町）

第 5 区　**福岡市**（南区（日佐3、警弥郷1〜3、柳瀬1〜2、弥永1〜5、弥永団地、野多目4<14番から17番まで、18番15号から18番60号まで、31番及び32番に限る。>、野多目6、老司1<1番18号から1番25号まで、5番1号から5番17号まで、5番37号から5番53号まで、7番1号から7番8号まで、7番29号から7番39号まで及び8番から35番までに限る。>、老司2〜5、鶴田1〜3、鶴田4<1番9号から1番43号まで、2番、3番1号から3番4号まで、3番25号から3番37号まで、3番55号から3番60号まで及び4番から54番までに限る。>、柏原1（26番）、柏原2）］、**筑紫野市**、**春日市**、**大野城市**、**太宰府市**、**朝倉市**、**那珂川市**、**朝倉郡**（筑前町、東峰村）

第 6 区　**久留米市**、**大川市**、**小郡市**、**うきは市**、**三井郡**（大刀洗町）、**三潴郡**（大木町）

第 7 区　**大牟田市**、**柳川市**、**八女市**、**筑後市**、**みやま市**、**八女郡**（広川町）

第 8 区　**直方市**、**飯塚市**、**中間市**、**宮若市**、**嘉麻市**、**遠賀郡**（芦屋町、水巻町、岡垣町、遠賀町）、**鞍手郡**（小竹町、鞍手町）、**嘉穂郡**（桂川町）

第 9 区　**北九州市**［若松区、八幡東区、八幡西区、戸畑区］

第10区　**北九州市**［門司区、小倉北区、小倉南区］

第11区　**田川市**、**行橋市**、**豊前市**、**田川郡**（香春町、添田町、糸田町、川崎町、大任町、赤村、福智町）、**京都郡**（苅田町、みやこ町）、**築上郡**（吉富町、上毛町、築上町）

佐 賀

玄海町
東松浦郡
唐津市
伊万里市
西松浦郡
有田町
武雄市
多久市
小城市
大町町・江北町
杵島郡
白石町
嬉野市
鹿島市
藤津郡
太良町
佐賀市
❶
神埼市
神埼郡
吉野ヶ里町
三養基郡
上峰町
みやき町
三養基郡
基山町
鳥栖市
❷

第1区　**佐賀市、鳥栖市、神埼市、神埼郡**（吉野ヶ里町）、**三養基郡**（基山町、上峰町、みやき町）

第2区　**唐津市、多久市、伊万里市、武雄市、鹿島市、小城市、嬉野市、東松浦郡**（玄海町）、**西松浦郡**
（有田町）、**杵島郡**（大町町、江北町、白石町）、**藤津郡**（太良町）

217

 長崎

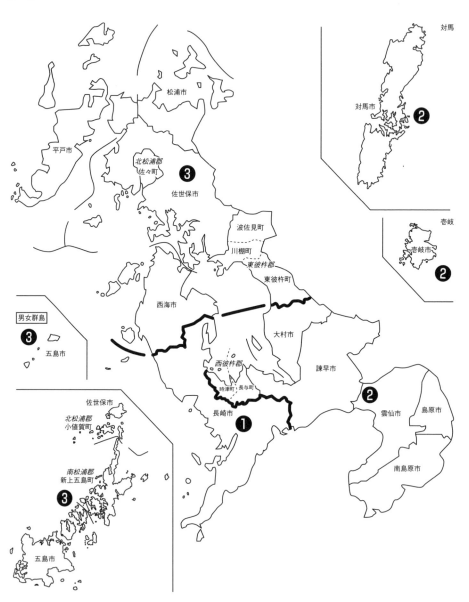

第1区　**長崎市**

第2区　**島原市、諫早市、雲仙市、南島原市、大村市、対馬市、壱岐市、西彼杵郡**（長与町、時津町）

第3区　**佐世保市、五島市、平戸市、松浦市、西海市、東彼杵郡**（東彼杵町、川棚町、波佐見町）、**北松浦郡**（小値賀町、佐々町）、**南松浦郡**（新上五島町）

参考資料

複数の小選挙区に分割されている市・区

市区名	選挙区名
札幌市北区	北海道　1区
	北海道　2区
札幌市西区	北海道　1区
	北海道　4区
札幌市白石区	北海道　3区
	北海道　5区
宇都宮市	栃木　1区
	栃木　2区
高崎市	群馬　4区
	群馬　5区
川口市	埼玉　2区
	埼玉　3区
船橋市	千葉　4区
	千葉　14区
市川市	千葉　4区
	千葉　5区
大田区	東京　4区
	東京　26区
世田谷区	東京　5区
	東京　6区
杉並区	東京　7区
	東京　8区
	東京　27区
練馬区	東京　9区
	東京　28区
板橋区	東京　11区
	東京　12区
足立区	東京　13区
	東京　29区
江戸川区	東京　14区
	東京　16区
八王子市	東京　21区
	東京　24区

市区名	選挙区名
富山市	富山　1区
	富山　2区
長野市	長野　1区
	長野　2区
富士市	静岡　4区
	静岡　5区
四日市市	三重　2区
	三重　3区
西宮市	兵庫　2区
	兵庫　7区
川西市	兵庫　5区
	兵庫　6区
姫路市	兵庫　11区
	兵庫　12区
奈良市	奈良　1区
	奈良　2区
高松市	香川　1区
	香川　2区
丸亀市	香川　2区
	香川　3区
高知市	高知　1区
	高知　2区
福岡市東区	福岡　1区
	福岡　4区
福岡市城南区	福岡　2区
	福岡　3区
福岡市南区	福岡　2区
	福岡　5区
大分市	大分　1区
	大分　2区
鹿児島市	鹿児島　1区
	鹿児島　2区

分割市区合計　　32市区

熊　本

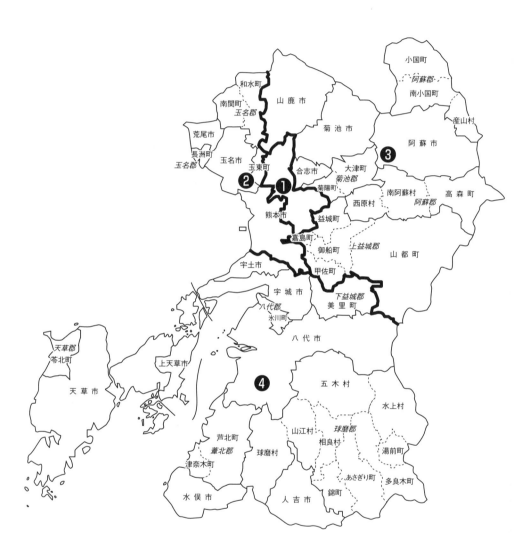

和水町
南関町
玉名郡
山鹿市
小国町
阿蘇郡
南小国町
荒尾市
菊池市
産山村
長洲町
玉名郡
玉名市
玉東町
阿蘇市
❷
合志市
大津町
菊池郡
菊陽町
❸
❶
西原村
南阿蘇村
阿蘇郡
高森町
熊本市
益城町
嘉島町
御船町
上益城郡
山都町
宇土市
甲佐町
下益城郡
美里町
宇城市
八代郡
氷川町
八代市
天草郡
苓北町
上天草市
五木村
❹
水上村
天草市
芦北町
葦北郡
津奈木町
山江村
球磨郡
相良村
球磨村
湯前町
水俣市
あさぎり町
多良木町
人吉市
錦町

熊本市

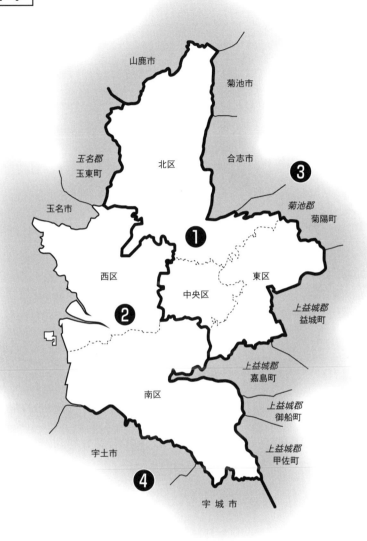

第1区　**熊本市**〔中央区、東区、北区〕

第2区　**熊本市**〔西区、南区〕、**荒尾市、玉名市、玉名郡**（玉東町、南関町、長洲町、和水町）

第3区　**山鹿市、菊池市、阿蘇市、合志市、菊池郡**（大津町、菊陽町）、**阿蘇郡**（南小国町、小国町、産山村、高森町、西原村、南阿蘇村）、**上益城郡**（御船町、嘉島町、益城町、甲佐町、山都町）

第4区　**八代市、人吉市、水俣市、天草市、宇土市、上天草市、宇城市、下益城郡**（美里町）、**八代郡**（氷川町）、**葦北郡**（芦北町、津奈木町）、**球磨郡**（錦町、多良木町、湯前町、水上村、相良村、五木村、山江村、球磨村、あさぎり町）、**天草郡**（苓北町）

大分

第1区 **大分市**（本庁管内、鶴崎・大南支所管内、稙田支所管内（大字廻栖野＜618番地から747番地2まで、830番地から832番地1まで、833番地1、833番地3から836番地3まで、838番地1から838番地2まで、841番地、1587番地、1591番地から1618番地まで及び1620番地に限る。＞に属する区域を除く。）、大在・坂ノ市・明野支所管内）

第2区 **大分市**（稙田支所管内（大字廻栖野＜618番地から747番地2まで、830番地から832番地1まで、833番地1、833番地3から836番地3まで、838番地1から838番地2まで、841番地、1587番地、1591番地から1618番地まで及び1620番地に限る。＞に属する区域）、佐賀関・野津原支所管内）、**日田市、佐伯市、臼杵市、津久見市、竹田市、豊後大野市、由布市、玖珠郡**（九重町、玖珠町）

第3区 **別府市、中津市、豊後高田市、杵築市、宇佐市、国東市、東国東郡**（姫島村）、**速見郡**（日出町）

222

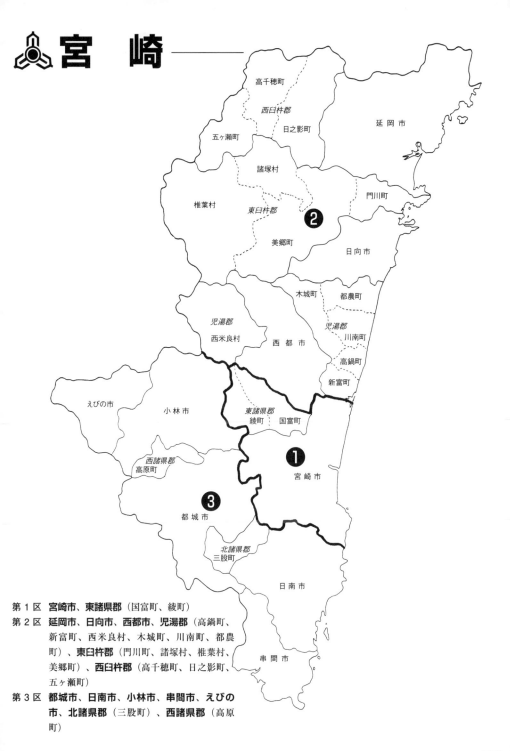

宮　崎

第1区 **宮崎市、東諸県郡**（国富町、綾町）

第2区 **延岡市、日向市、西都市、児湯郡**（高鍋町、
新富町、西米良村、木城町、川南町、都農
町）、**東臼杵郡**（門川町、諸塚村、椎葉村、
美郷町）、**西臼杵郡**（高千穂町、日之影町、
五ヶ瀬町）

第3区 **都城市、日南市、小林市、串間市、えびの
市、北諸県郡**（三股町）、**西諸県郡**（高原
町）

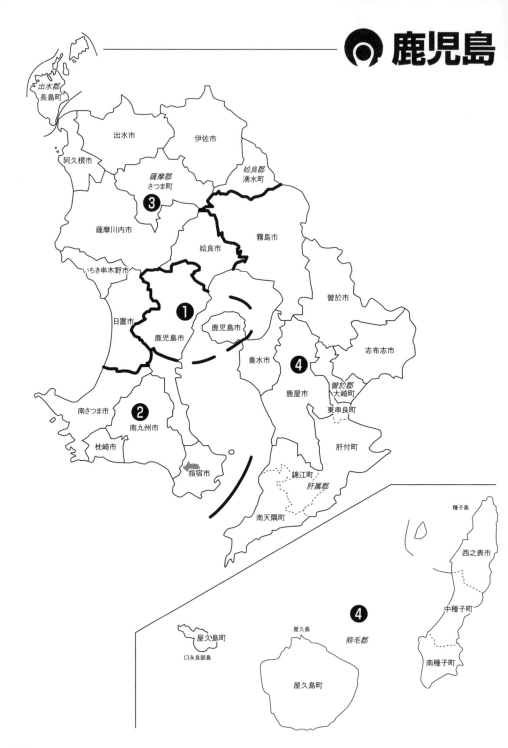

鹿児島

出水郡
長島町

出水市　　伊佐市

阿久根市

薩摩郡
さつま町　　姶良郡
湧水町

❸

薩摩川内市　　霧島市

姶良市

いちき串木野市

曽於市

日置市　　❶

鹿児島市　　鹿児島市

志布志市

垂水市　　❹

鹿屋市　　曽於郡
大崎町

東串良町

南さつま市　　❷

南九州市

枕崎市

肝付町

指宿市

錦江町
肝属郡

南大隅町

種子島

西之表市

中種子町

❹

屋久島町

口永良部島

屋久島

熊毛郡

南種子町

屋久島町

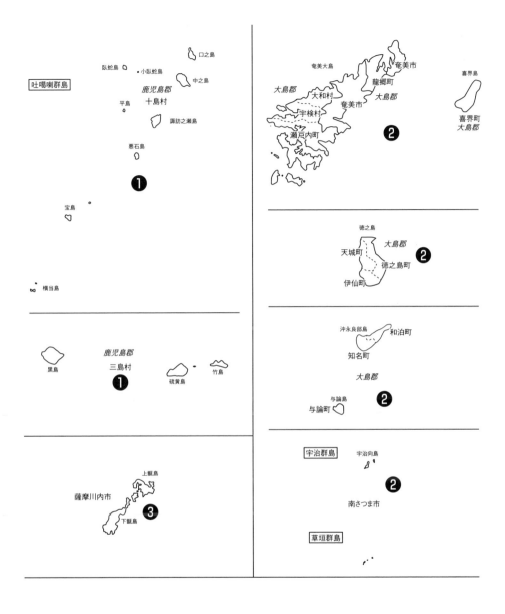

第 1 区　**鹿児島市**（本庁管内、伊敷・東桜島・吉野・吉田・桜島・松元・郡山支所管内）、**鹿児島郡**（三島村、十島村）

第 2 区　**鹿児島市**（谷山・喜入支所管内）、**枕崎市**、**指宿市**、**南さつま市**、**奄美市**、**南九州市**、**大島郡**（大和村、宇検村、瀬戸内町、龍郷町、喜界町、徳之島町、天城町、伊仙町、和泊町、知名町、与論町）

第 3 区　**阿久根市**、**出水市**、**薩摩川内市**、**日置市**、**いちき串木野市**、**伊佐市**、**姶良市**、**薩摩郡**（さつま町）、**出水郡**（長島町）、**姶良郡**（湧水町）

第 4 区　**鹿屋市**、**西之表市**、**垂水市**、**曽於市**、**霧島市**、**志布志市**、**曽於郡**（大崎町）、**肝属郡**（東串良町、錦江町、南大隅町、肝付町）、**熊毛郡**（中種子町、南種子町、屋久島町）

◉沖　縄

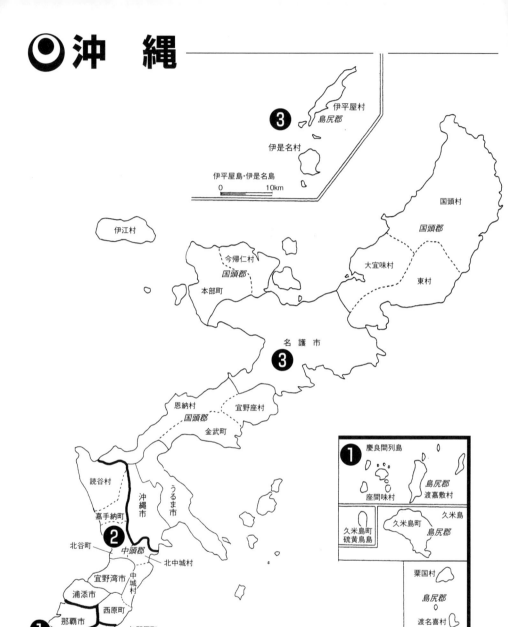

③ 伊平屋村
島尻郡
伊是名村

伊平屋島・伊是名島
0　　　　10km

伊江村

今帰仁村
国頭郡
本部町

国頭村
国頭郡
大宜味村
東村

名護市
③

恩納村
国頭郡
宜野座村
金武町

読谷村
嘉手納町
沖縄市
うるま市

北谷町
②
中頭郡
北中城村

宜野湾市
中城村
浦添市
西原町
那覇市
与那原町
①
南風原町
豊見城市
④
南城市
島尻郡
糸満市
八重瀬町

① 慶良間列島
島尻郡
座間味村
渡嘉敷村

久米島
久米島町
久米島町
硫黄鳥島
島尻郡

粟国村
島尻郡
渡名喜村

北大東村

島尻郡
南大東村

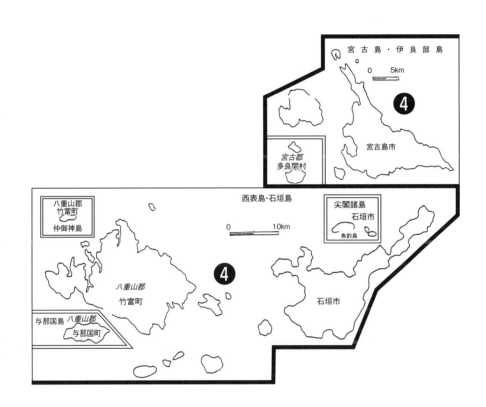

第1区　**那覇市、島尻郡**（渡嘉敷村、座間味村、粟国村、渡名喜村、南大東村、北大東村、久米島町）

第2区　**宜野湾市、浦添市、中頭郡**（読谷村、嘉手納町、北谷町、北中城村、中城村、西原町）

第3区　**名護市、沖縄市、うるま市、国頭郡**（国頭村、大宜味村、東村、今帰仁村、本部町、恩納村、宜野
　　　　座村、金武町、伊江村）、**島尻郡**（伊平屋村、伊是名村）

第4区　**石垣市、糸満市、豊見城市、宮古島市、南城市、島尻郡**（与那原町、南風原町、八重瀬町）、**宮古
　　　　郡**（多良間村）、**八重山郡**（竹富町、与那国町）

Ⅸ

選挙結果

第49回 衆議院議員総選挙

（令和3年10月31日施行／令和7年10月30日満了）

北　海　道

北海道　1区
当118,286　道下大樹　立前(45.3)
比106,985　船橋利実　自前(41.0)
比35,652　小林　悟　維新(13.7)

北海道　2区
当105,807　松木謙公　立前(44.7)
比89,745　高橋祐介　自新(37.9)
比41,076　山崎　泉　維新(17.4)

北海道　3区
当116,917　高木宏寿　自元(44.7)
比当112,535　荒井　優　立新(43.0)
比32,340　小和田康文　維新(12.4)

北海道　4区
当109,326　中村裕之　自前(50.2)
比当108,630　大築紅葉　立新(49.8)

北海道　5区
当139,950　和田義明　自前(50.6)
比111,366　池田真紀　立前(40.3)
16,758　橋本美香　共新(6.1)
8,520　大津伸太郎　無新(3.1)

北海道　6区
当128,670　東　国幹　自新(55.5)
比93,403　西川将人　立新(40.3)
比9,776　斉藤忠行　Ｎ新(4.2)

北海道　7区
当80,797　伊東良孝　自前(58.0)
比45,563　篠田奈保子　立新(32.7)
12,913　石川明美　共新(9.3)

北海道　8区
当112,857　逢坂誠二　立前(52.7)
比101,379　前田一男　自元(47.3)

北海道　9区
当113,512　山岡達丸　立前(51.5)
比当106,842　堀井　学　自前(48.5)

北海道　10区
当96,843　稲津　久　公前(53.9)
比当82,718　神谷　裕　立前(46.1)

北海道　11区
当91,538　石川香織　立前(51.8)
比当85,336　中川郁子　自元(48.2)

北海道　12区
当97,634　武部　新　自前(58.4)
比55,321　川原田英世　立新(33.1)
14,140　菅原　誠　共新(8.5)

青　森　県

青森県　1区
当91,011　江渡聡徳　自前(52.4)
比64,870　升田世喜男　立元(37.4)
17,783　斎藤美緒　共新(10.2)

青森県　2区
当126,137　神田潤一　自新(61.5)
比65,909　高畑紀子　立新(32.1)
12,966　田端深雪　共新(6.3)

青森県　3区
当118,230　木村次郎　自前(65.0)
比63,796　山内　崇　立新(35.0)

岩　手　県

岩手県　1区
当87,017　階　猛　立前(51.2)
比62,666　高橋比奈子　自前(36.9)
20,300　吉田恭子　共新(11.9)

岩手県　2区
当149,168　鈴木俊一　自前(68.0)
比66,689　大林正英　立新(30.4)
3,548　荒川順子　Ｎ新(1.6)

岩手県　3区
当118,734　藤原　崇　自前(52.1)
比当109,362　小沢一郎　立前(47.9)

宮　城　県

宮城県　1区
当101,964　土井　亨　自前(43.4)
比96,649　岡本章子　立前(41.2)
23,033　春藤沙弥香　維新(9.8)
13,174　大草芳江　無新(5.6)

宮城県　2区
当116,320　鎌田さゆり　立元(49.0)
比115,749　秋葉賢也　自前(48.7)
比5,521　林マリアゆき　Ｎ新(2.3)

宮城県　3区
当96,210　西村明宏　自前(59.3)
比60,237　大野園子　立新(37.1)
5,890　浅田晃司　無新(3.6)

宮城県　4区
当74,721　伊藤信太郎　自前(56.5)
比30,047　舩山由美　共新(22.7)
比当27,451　早坂　敦　維新(20.8)

宮城県　5区
当81,033　安住　淳　立前(56.9)
比64,410　森下千里　自新(43.1)

宮城県　6区
当119,555　小野寺五典　自前(83.2)
24,072　内藤隆司　共新(16.8)

秋　田　県

秋田県　1区
当77,960　冨樫博之　自前(51.9)
比当72,366　寺田　学　立前(48.1)

秋田県　2区
当81,845　緑川貴士　立前(52.5)
比当73,945　金田勝年　自前(47.5)

秋田県　3区
当134,734　御法川信英　自前(77.9)
38,118　杉山　彰　共新(22.1)

山 形 県

山形県 1区
当110,688 遠藤利明 自前(60.0)
比73,872 原田和広 立新(40.0)

山形県 2区
当125,992 鈴木憲和 自前(61.8)
比77,742 加藤健一 国新(38.2)

山形県 3区
当108,558 加藤鮎子 自前(58.1)
66,320 阿部ひとみ 無新(35.5)
12,100 梅木 威 共新(6.5)

福 島 県

福島県 1区
当123,620 金子恵美 立新(51.1)
比当118,074 亀岡偉民 自前(48.9)

福島県 2区
当102,638 根本 匠 自前(54.6)
比当85,501 馬場雄基 立新(45.4)

福島県 3区
当90,457 玄葉光一郎 立前(54.2)
比76,302 上杉謙太郎 自前(45.8)

福島県 4区
当76,683 小熊慎司 立前(51.0)
比当73,784 菅家一郎 自前(49.0)

福島県 5区
当93,325 吉野正芳 自前(62.7)
55,619 熊谷 智 共新(37.3)

茨 城 県

茨城県 1区
当105,072 福島伸享 無元(52.1)
比当96,791 田所嘉徳 自前(47.9)

茨城県 2区
当110,831 額賀福志郎 自前(64.5)
比61,103 藤田幸久 立元(35.5)

茨城県 3区
当109,448 葉梨康弘 自前(53.6)
比63,674 梶岡博樹 立新(31.2)
比31,100 岸野智康 維新(15.2)

茨城県 4区
当98,254 梶山弘志 自前(70.5)
比25,162 武藤優子 維新(18.0)
比16,018 大内久美子 共新(11.5)

茨城県 5区
当61,373 浅野 哲 国前(48.5)
比当53,878 石川昭政 自前(42.6)
8,061 飯田美弥子 共新(6.4)
3,248 田村 弘 無新(2.6)

茨城県 6区
当125,703 国光文乃 自前(52.5)
比当113,570 青山大人 立前(47.5)

茨城県 7区
当74,362 永岡桂子 自前(46.5)
比当70,843 中村喜四郎 立前(44.3)
比14,683 水梨伸晃 維新(9.2)

栃 木 県

栃木県 1区
当102,870 船田 元 自前(46.2)
比66,700 渡辺典喜 立新(29.9)
比43,935 柏倉祐司 維元(19.7)
9,393 青木 弘 共新(4.2)

栃木県 2区
当73,593 福田昭夫 立前(53.4)
比当64,253 五十嵐 清 自新(46.6)

栃木県 3区
当82,398 簗 和生 自前(67.4)
比39,826 伊賀 央 立新(32.6)

栃木県 4区
当111,863 佐藤 勉 自前(51.1)
比当107,043 藤岡隆雄 立新(48.9)

栃木県 5区
当108,380 茂木敏充 自前(77.4)
31,713 岡村恵子 共新(22.6)

群 馬 県

群馬県 1区
当110,244 中曽根康隆 自前(56.3)
比42,529 宮崎岳志 維元(21.7)
24,072 斎藤敦子 無新(12.3)
18,917 店橋世津子 共新(9.7)

群馬県 2区
当88,799 井野俊郎 自前(54.0)
比50,325 堀越啓仁 立前(30.6)
25,216 石関貴史 無元(15.3)

群馬県 3区
当86,021 笹川博義 自前(54.6)
比67,689 長谷川嘉一 立前(43.0)
3,737 説田健二 N新(2.4)

群馬県 4区
当105,359 福田達夫 自前(65.0)
比56,682 角倉邦良 立新(35.0)

群馬県 5区
当125,702 小渕優子 自前(76.6)
38,428 伊藤達也 共新(23.4)

埼 玉 県

埼玉県　1区
当120,856　村井英樹　自前(47.6)
比96,690　武正公一　立元(38.1)
比23,670　吉村豪介　維新(9.3)
11,540　佐藤真実　無新(4.5)
1,234　中島徳二　無新(0.5)

埼玉県　2区
当121,543　新藤義孝　自前(52.8)
比57,327　高橋英明　維新(24.9)
51,420　奥田智子　共新(22.3)

埼玉県　3区
当125,500　黄川田仁志　自前(53.6)
比100,963　山川百合子　立前(43.1)
7,534　河合悠祐　N新(3.2)

埼玉県　4区
当107,135　穂坂　泰　自前(52.3)
比47,863　浅野克彦　国新(23.3)
34,897　工藤　薫　共新(17.0)
11,733　遠藤宣彦　無元(5.7)
3,358　小笠原洋輝　無新(1.6)

埼玉県　5区
当113,615　枝野幸男　立前(51.4)
比当107,532　牧原秀樹　自前(48.6)

埼玉県　6区
当134,281　大島　敦　立前(56.0)
比当105,433　中根一幸　自前(44.0)

埼玉県　7区
当98,958　中野英幸　自新(44.2)
比当93,419　小宮山泰子　立前(41.7)
比31,475　伊勢田享子　維新(14.1)

埼玉県　8区
当104,650　柴山昌彦　自前(51.6)
98,102　小野塚勝俊　無元(48.4)

埼玉県　9区
当117,002　大塚　拓　自前(53.4)
比80,756　杉村慎治　立新(36.8)
21,464　神田三春　共新(9.8)

埼玉県　10区
当96,153　山口　晋　自新(51.6)
比当90,214　坂本祐之輔　立元(48.4)

埼玉県　11区
当111,810　小泉龍司　自前(61.9)
比49,094　島田　誠　立新(27.2)
19,619　小山森也　共新(10.9)

埼玉県　12区
当102,627　森田俊和　立前(51.0)
比98,493　野中　厚　自前(49.0)

埼玉県　13区
当101,149　土屋品子　自前(49.4)
比86,923　三角創太　立新(42.5)
16,622　赤岸雅治　共新(8.1)

埼玉県　14区
当111,262　三ツ林裕巳　自前(51.6)
比71,460　鈴木義弘　国元(33.1)
33,062　田村　勉　共新(15.3)

埼玉県　15区
当102,023　田中良生　自前(45.9)
比71,958　高木錬太郎　立前(32.4)
比当48,434　沢田　良　維新(21.8)

千 葉 県

千葉県　1区
当128,556　田嶋　要　立前(56.3)
比当99,895　門山宏哲　自前(43.7)

千葉県　2区
当153,017　小林鷹之　自前(62.0)
比69,583　黒田　雄　立元(28.2)
比24,052　寺尾　賢　共新(9.8)

千葉県　3区
当106,500　松野博一　自前(61.9)
比65,627　岡島一正　立前(38.1)

千葉県　4区
当154,412　野田佳彦　立前(64.5)
比84,813　木村哲也　自前(35.5)

千葉県　5区
当111,985　薗浦健太郎　自前(47.0)
比69,887　矢崎堅太郎　立前(29.3)
比32,241　椎木　保　維元(13.5)
比24,307　鴇田　敦　国新(10.2)

令和4年12月21日　薗浦健太郎議員辞職
補選（令和5.4.23）
当50,578　英利アルフィヤ　自新(30.6)
45,635　矢崎堅太郎　立新(27.6)
24,842　岡野純子　国新(15.0)
22,952　岸野智康　維新(13.9)
12,360　斉藤和子　共元(7.5)
6,561　星　健太郎　無新(4.0)
2,463　織田三江　政女新(1.5)

千葉県　6区
当80,764　渡辺博道　自前(42.5)
比48,829　藤巻健太　維新(25.7)
32,444　浅野史子　共新(17.1)
28,083　生方幸夫　無前(14.8)

千葉県　7区
当127,548　斎藤　健　自前(55.0)
比71,048　竹内千春　立新(30.6)
比28,594　内山　晃　維元(12.3)
4,749　渡辺晋宏　N新(2.0)

千葉県　8区
当135,125　本庄知史　立新(59.7)
比当81,556　桜田義孝　自前(36.0)
9,845　宮岡進一郎　無新(4.3)

千葉県　9区
当107,322　奥野総一郎　立前(51.1)
比当102,741　秋本真利　自前(48.9)

千葉県　10区
当83,822　林　幹雄　自前(47.3)
比当80,971　谷田川　元　立前(45.7)
10,272　梓　まり　諸新(5.8)
2,173　今留尚人　無新(1.2)

千葉県　11区
当110,538　森　英介　自前(64.4)
30,557　椎名史明　共新(17.8)
比30,432　多ケ谷　亮　れ新(17.7)

千葉県　12区
当123,210　浜田靖一　自前(64.0)
比56,747　樋高　剛　立元(29.5)
12,530　葛原　茂　共新(6.5)

千葉県　13区
当100,227　松本　尚　自新(45.1)
比79,687　宮川　伸　立前(35.8)
比42,473　清水聖士　維新(19.1)

東　京　都

東京都　1区
当99,133　山田美樹　自前(39.0)
比当90,043　海江田万里　立前(35.4)
比当60,230　小野泰輔　維新(23.7)
　　4,715　内藤久遠　無新(1.9)

東京都　2区
当119,281　辻　清人　自前(43.4)
比90,422　松尾明弘　立前(32.9)
比45,754　木内孝胤　維元(16.7)
比14,487　北村　造　れ新(5.3)
　　4,659　出口紳一郎　無新(1.7)

東京都　3区
当124,961　松原　仁　立前(45.9)
比当116,753　石原宏高　自前(42.9)
　　30,648　香西克介　共新(11.3)

東京都　4区
当128,708　平　将明　自前(51.5)
比62,286　谷川智行　共新(24.9)
比58,891　林　智興　維新(23.6)

東京都　5区
当111,246　手塚仁雄　立前(41.0)
比105,842　若宮健嗣　自前(39.0)
比54,363　田淵正文　維新(20.0)

東京都　6区
当110,169　落合貴之　立前(40.1)
比105,186　越智隆雄　自前(38.3)
比59,490　碇井梨恵　維新(21.6)

東京都　7区
当124,541　長妻　昭　立前(49.2)
比81,087　松本文明　自前(32.1)
比37,781　辻　健太郎　維新(14.9)
　　5,665　込山　洋　無新(2.2)
　　3,822　猪野恵司　N新(1.5)

東京都　8区
当137,341　吉田晴美　立新(48.4)
比105,381　石原伸晃　自前(37.2)
比40,763　笠谷圭司　維新(14.4)

東京都　9区
当109,489　山岸一生　立新(40.9)
比95,284　安藤高夫　自前(35.6)
比47,842　南　純　維新(17.9)
　　15,091　小林興起　諸元(5.6)

東京都　10区
当115,122　鈴木隼人　自前(43.8)
比当107,920　鈴木庸介　立新(41.1)
比30,574　藤川隆史　維新(11.6)
　　4,684　小山　徹　無新(1.8)
　　4,552　沢口祐司　諸新(1.7)

東京都　11区
当122,465　下村博文　自前(50.0)
比87,635　阿久津幸彦　立前(35.8)
　　29,304　西之原修斗　共新(12.0)
　　5,639　桑島康文　無新(2.3)

東京都　12区
当101,020　岡本三成　公前(39.9)
比80,323　阿部　司　維新(31.7)
比71,948　池内沙織　共元(28.4)

東京都　13区
当115,669　土田　慎　自新(49.3)
比78,665　北條智彦　立新(33.5)
　　30,204　沢田真吾　共新(12.9)
　　5,985　渡辺秀高　無新(2.6)
　　4,039　橋本孫美　無新(1.7)

東京都　14区
当108,681　松島みどり　自前(43.3)
比80,932　木村剛司　立元(32.2)
比49,517　西村恵美　維新(19.7)
　　5,845　梁本和則　無新(2.3)
　　3,364　竹本秀之　無新(1.3)
　　2,772　大塚紀久雄　無新(1.1)

東京都　15区
当76,261　柿沢未途　自前(32.0)
比58,978　井戸正枝　立元(24.7)
比44,882　金沢結衣　維新(18.8)
　　26,628　今村洋史　無新(11.2)
　　17,514　猪野　隆　無新(7.3)
　　9,449　桜井　誠　諸新(4.0)
　　4,608　吉田浩司　無新(1.9)

東京都　16区
当88,758　大西英男　自前(38.7)
比68,397　水野素子　立新(29.8)
比39,290　中津川博郷　維元(17.1)
　　26,819　太田彩花　共新(11.7)
比6,264　田中　健　N新(2.7)

東京都　17区
当119,384　平沢勝栄　自前(50.1)
比52,260　猪口幸子　維新(22.0)
　　36,309　新井杉生　共新(15.3)
比30,103　円　より子　国新(12.6)

東京都　18区
当122,091　菅　直人　立前(47.1)
比115,881　長島昭久　自前(44.7)
　　21,151　子安正美　無新(8.2)

東京都　19区
当111,267　末松義規　立前(43.0)
比当109,131　松本洋平　自前(42.2)
比38,182　山崎英昭　維新(14.8)

東京都　20区
当121,621　木原誠二　自前(52.6)
比66,516　宮本　徹　共前(28.8)
比43,089　前田順一郎　維新(18.6)

東京都　21区
当112,433　小田原潔　自前(45.5)
比99,090　大河原雅子　立前(40.1)
比35,527　竹田光明　維元(14.4)

東京都　22区
当131,351　伊藤達也　自前(46.9)
比112,393　山花郁夫　立前(40.1)
比31,981　櫛渕万里　れ元(11.4)
　　4,535　長谷川洋平　N新(1.6)

東京都　23区
当133,206　小倉将信　自前(51.2)
比当126,732　伊藤俊輔　立前(48.8)

東京都　24区
当149,152　萩生田光一　自前(58.5)
比44,546　佐藤由美　国新(17.5)
　　44,474　吉川穂香　共新(17.5)
比16,590　朝倉玲子　社新(6.5)

東京都　25区
当131,430　井上信治　自前(59.4)
比89,991　島田幸成　立新(40.6)

233

神 奈 川 県

神奈川県 1区
当100,118 篠原 豪 立前(45.0)
　　76,064 松本 純 無前(34.2)
　比46,271 浅川義治 維新(20.8)

神奈川県 2区
当146,166 菅 義偉 自前(61.1)
　比92,880 岡本英子 立元(38.9)

神奈川県 3区
当119,199 中西健治 自新(52.5)
　比68,457 小林丈人 立新(30.2)
　23,310 木佐木忠晶 共新(10.3)
　15,908 藤村晃子 無新(7.0)

神奈川県 4区
当66,841 早稲田夕季 立前(33.0)
　63,687 浅尾慶一郎 無元(31.5)
　比47,511 山本朋広 自前(23.5)
　比16,559 高谷清彦 維新(8.2)
　7,790 大西恒樹 無新(3.8)

神奈川県 5区
当136,288 坂井 学 自前(53.5)
　比当118,619 山崎 誠 立前(46.5)

神奈川県 6区
当92,405 古川直季 自新(44.3)
　比当87,880 青柳陽一郎 立前(42.1)
　比28,214 串田誠一 維前(13.5)

神奈川県 7区
当128,870 鈴木馨祐 自前(50.9)
　比当124,524 中谷一馬 立前(49.1)

神奈川県 8区
当130,925 江田憲司 立前(52.6)
　比当117,963 三谷英弘 自前(47.4)

神奈川県 9区
当83,847 笠 浩史 立前(42.4)
　比当68,918 中山展宏 自前(34.9)
　比24,547 吉田大成 維新(12.4)
　20,432 斎藤 温 共新(10.3)

神奈川県 10区
当104,832 田中和徳 自前(41.4)
　比69,594 金村龍那 維新(27.5)
　比48,839 畑野君枝 共前(19.3)
　比30,013 鈴木 敦 国新(11.8)

神奈川県 11区
当147,634 小泉進次郎 自前(79.2)
　38,843 林 伸明 共新(20.8)

神奈川県 12区
当95,013 阿部知子 立前(42.4)
　比91,159 星野剛士 自前(40.7)
　比37,753 水戸将史 維元(16.9)

神奈川県 13区
当130,124 太 栄志 立新(51.1)
　比当124,595 甘利 明 自前(48.9)

神奈川県 14区
当135,197 赤間二郎 自前(53.8)
　比116,273 長友克洋 立新(46.2)

神奈川県 15区
当210,515 河野太郎 自前(79.3)
　比46,312 佐々木克己 社新(17.5)
　8,565 渡辺マリコ Ｎ新(3.2)

神奈川県 16区
当137,558 後藤祐一 立前(54.6)
　比当114,396 義家弘介 自前(45.4)

神奈川県 17区
当131,284 牧島かれん 自前(55.3)
　比89,837 神山洋介 立元(37.9)
　16,202 山田 正 共新(6.8)

神奈川県 18区
当120,365 山際大志郎 自前(47.7)
　比90,390 三村和也 立元(35.8)
　比41,562 横田光弘 維新(16.5)

新 潟 県

新潟県 1区
当127,365 西村智奈美 立前(52.6)
　比96,591 塚田一郎 自前(39.9)
　比18,333 石崎 徹 維元(7.6)

新潟県 2区
当105,426 細田健一 自前(59.9)
　比37,157 高倉 栄 国新(21.1)
　比33,399 平 あや子 共新(19.0)

新潟県 3区
当102,564 斎藤洋明 自前(53.6)
　比88,744 黒岩宇洋 立前(46.4)

新潟県 4区
当97,494 菊田真紀子 立前(50.1)
　比97,256 国定勇人 自新(49.9)

新潟県 5区
当79,447 米山隆一 無新(45.0)
　比60,837 泉田裕彦 自前(34.4)
　36,422 森 民夫 無新(20.6)

新潟県 6区
当90,679 梅谷 守 立新(49.6)
　比90,549 高鳥修一 自前(49.5)
　1,711 神鳥古賛 無新(0.9)

富 山 県

富山県 1区
当71,696 田畑裕明 自前(51.8)
　比45,411 吉田豊史 維元(32.8)
　比14,563 西尾政英 立新(10.5)
　6,800 青山了介 共新(4.9)

富山県 2区
当89,341 上田英俊 自新(68.4)
　比41,252 越川康晴 立新(31.6)

富山県 3区
当161,818 橘 慶一郎 自前(78.5)
　44,214 坂本洋史 共新(21.5)

石 川 県

石川県 1区
当88,321　小森卓郎　自新(46.1)
比48,491　荒井淳志　立新(25.3)
比45,663　小林　誠　維新(23.9)
　8,930　亀田良典　共新(4.7)

石川県 2区
当137,032　佐々木 紀　自前(78.4)
　27,049　坂本　浩　共新(15.5)
　10,632　山本保彦　無新(6.1)

石川県 3区
当80,692　西田昭二　自前(50.7)
比当76,747　近藤和也　立前(48.3)
　1,588　倉知昭一　無新(1.0)

福 井 県

福井県 1区
当136,171　稲田朋美　自前(65.5)
比71,845　野田富久　立新(34.5)

福井県 2区
当81,705　高木　毅　自前(53.9)
比69,984　斉木武志　立前(46.1)

山 梨 県

山梨県 1区
当125,325　中谷真一　自前(50.5)
比当118,223　中島克仁　立前(47.6)
　4,826　辺見信介　N新(1.9)

山梨県 2区
当109,036　堀内詔子　自前(67.9)
比44,441　市来伴子　立新(27.7)
　7,027　大久保令子　共新(4.4)

長 野 県

長野県 1区
当128,423　若林健太　自新(51.3)
比当121,962　篠原　孝　立前(48.7)

長野県 2区
当101,391　下条みつ　立前(47.5)
比68,958　務台俊介　自前(32.3)
比43,026　手塚大輔　維新(20.2)

長野県 3区
当120,023　井出庸生　自前(51.5)
比当109,179　神津　健　立新(46.9)
比3,722　池　高生　N新(1.6)

長野県 4区
当86,962　後藤茂之　自前(62.6)
　51,922　長瀬由希子　共新(37.4)

長野県 5区
当97,730　宮下一郎　自前(54.9)
比80,408　曽我逸郎　立新(45.1)

岐 阜 県

岐阜県 1区
当103,805　野田聖子　自前(62.5)
比48,629　川本慧佑　立新(29.3)
　9,846　山越　徹　共新(5.9)
　3,698　土田正光　諸新(2.2)

岐阜県 2区
当108,755　棚橋泰文　自前(65.8)
比40,179　大谷由里子　国新(24.3)
　16,374　三尾圭司　共新(9.9)

岐阜県 3区
当132,357　武藤容治　自前(58.6)
比93,616　阪口直人　立元(41.4)

岐阜県 4区
当110,844　金子俊平　自前(51.2)
比91,354　今井雅人　立前(42.2)
比14,171　佐伯哲也　維新(6.5)

岐阜県 5区
当82,140　古屋圭司　自前(48.5)
比68,615　今井瑠々　立新(40.5)
比9,921　山田良司　維元(5.9)
　8,736　小関祥子　共新(5.2)

静 岡 県

静岡県 1区
当101,868 上川陽子 自前(52.4)
比53,974 遠藤行洋 立新(27.7)
比21,074 高橋美穂 国元(10.8)
比17,667 青山雅幸 維前(9.1)

静岡県 2区
当131,082 井林辰憲 自前(61.1)
比71,032 福村 隆 立新(33.1)
12,396 山口祐樹 共新(5.8)

静岡県 3区
当112,464 小山展弘 立元(52.7)
比当100,775 宮沢博行 自前(47.3)

静岡県 4区
当84,154 深沢陽一 自前(53.3)
比当49,305 田中 健 国新(31.2)
比24,441 中村憲一 維新(15.5)

静岡県 5区
当127,580 細野豪志 無前(51.8)
比61,337 吉川 赳 自前(24.9)
比51,965 小野範和 立新(21.1)
5,350 千田 光 諸新(2.2)

静岡県 6区
当104,178 勝俣孝明 自前(46.1)
比99,758 渡辺 周 立前(44.1)
比22,086 山下洸棋 維新(9.8)

静岡県 7区
当130,024 城内 実 自前(68.2)
比60,726 日吉雄太 立前(31.8)

静岡県 8区
当114,210 源馬謙太郎 立前(55.8)
比当90,408 塩谷 立 自前(44.2)

愛 知 県

愛知県 1区
当94,107 熊田裕通 自前(48.8)
比当91,707 吉田統彦 立前(47.6)
6,988 門田節代 N新(3.6)

愛知県 2区
当131,397 古川元久 国前(62.3)
比当79,418 中川貴元 自新(37.7)

愛知県 3区
当121,400 近藤昭一 立前(55.0)
比99,489 池田佳隆 自前(45.0)

愛知県 4区
当78,004 工藤彰三 自前(43.7)
比当72,786 牧 義夫 立元(40.8)
比27,640 中田千代 維新(15.5)

愛知県 5区
当84,320 神田憲次 自前(41.2)
比74,995 西川厚志 立新(36.6)
比45,540 岬 麻紀 維新(22.2)

愛知県 6区
当136,168 丹羽秀樹 自前(58.3)
比76,912 松田 功 立前(33.0)
20,299 内田 謙 共新(8.7)

愛知県 7区
当144,725 鈴木淳司 自前(54.7)
比88,914 森本和義 立元(33.6)
30,956 須山初美 共新(11.7)

愛知県 8区
当121,714 伊藤忠彦 自前(50.2)
比当120,649 伴野 豊 立元(49.8)

愛知県 9区
当120,213 長坂康正 自前(52.7)
比107,722 岡本充功 立前(47.3)

愛知県 10区
当81,107 江崎鉄磨 自前(35.0)
比当62,601 杉本和巳 維前(27.0)
比53,375 藤原規真 立新(23.0)
比20,989 安井美沙子 れ新(9.1)
13,605 板倉正文 共新(5.9)

愛知県 11区
当158,018 八木哲也 自前(69.1)
36,788 本多信弘 共新(16.1)
33,990 梅村忠司 無新(14.9)

愛知県 12区
当142,536 重徳和彦 立前(52.7)
比当128,083 青山周平 自前(47.3)

愛知県 13区
当134,033 大西健介 立前(52.7)
比当120,203 石井 拓 自新(47.3)

愛知県 14区
当114,160 今枝宗一郎 自前(63.0)
比59,462 田中克典 立新(32.8)
7,689 野沢康幸 共新(4.2)

愛知県 15区
当104,204 根本幸典 自前(52.4)
比80,776 関 健一郎 立前(40.6)
比13,832 菅谷 竜 れ新(7.0)

三 重 県

三重県 1区
当122,772 田村憲久 自前(63.1)
比64,507 松田直久 立元(33.1)
比7,329 山田いずみ N新(3.8)

三重県 2区
当110,155 川崎秀人 自新(50.2)
比当109,165 中川正春 立前(49.8)

三重県 3区
当144,688 岡田克也 立前(64.1)
比81,209 石原正敬 自新(35.9)

三重県 4区
当128,753 鈴木英敬 自新(72.4)
比41,311 坊農秀治 立新(23.2)
7,882 中川民英 共新(4.4)

滋 賀 県

滋賀県 1区
当97,482 大岡敏孝 自前(52.2)
比当84,106 斎藤アレックス 国新(45.1)
比5,092 日高千穂 N新(2.7)

滋賀県 2区
当83,502 上野賢一郎 自前(56.6)
比64,119 田島一成 立元(43.4)

滋賀県 3区
当81,888 武村展英 自前(52.8)
比41,593 直山 仁 維新(26.8)
20,423 佐藤耕平 共新(13.2)
比11,227 高井崇志 れ前(7.2)

滋賀県 4区
当86,762 小寺裕雄 自前(54.6)
比当72,116 徳永久志 立新(45.4)

京 都 府

京都府 1区
当86,238 勝目 康 自新(40.4)
比当65,201 穀田恵二 共前(30.5)
比当62,007 堀場幸子 維新(29.1)

京都府 2区
当72,516 前原誠司 国前(48.9)
比43,291 繁本 護 自前(29.2)
25,260 地坂拓晃 共新(17.0)
比7,263 中 辰哉 れ新(4.9)

京都府 3区
当89,259 泉 健太 立前(48.2)
比61,674 木村弥生 自前(33.3)
比34,288 井上博明 維新(18.5)

京都府 4区
当96,172 北神圭朗 無元(44.2)
比80,775 田中英之 自前(37.1)
40,603 吉田幸一 共新(18.7)

京都府 5区
当68,693 本田太郎 自前(49.4)
比32,108 山本和嘉子 立前(23.1)
21,904 井上一徳 無前(15.7)
16,375 山内 健 共新(11.8)

京都府 6区
当116,111 山井和則 立前(45.2)
82,004 清水鴻一郎 自元(32.0)
比58,487 中嶋秀樹 維新(22.8)

大阪府

大阪府 1区
当110,120 井上英孝 維前（49.4）
比67,145 大西宏幸 自前（30.1）
比28,477 村上賀厚 立新（12.8）
　17,194 竹内祥倫 共新（ 7.7）

大阪府 2区
当120,913 守島　正 維新（48.5）
比80,937 左藤　章 自前（32.5）
比47,487 尾辻かな子 立前（19.0）

大阪府 3区
当79,507 佐藤茂樹 公前（44.7）
比41,737 萩原　仁 立元（23.4）
　38,170 渡部　結 共新（21.4）
　18,637 中条栄太郎 無新（10.5）

大阪府 4区
当107,585 美延映夫 維前（46.1）
比72,835 中山泰秀 自前（31.2）
比28,254 吉田　治 立元（12.1）
比24,469 清水忠史 共前（10.5）

大阪府 5区
当106,508 国重　徹 公前（53.1）
比当48,248 宮本岳志 共元（24.1）
比当34,202 大石晃子 れ新（17.1）
　11,458 籠池諄子 無新（ 5.7）

大阪府 6区
当106,878 伊佐進一 公前（54.8）
比59,191 村上史好 立前（30.4）
　28,895 星　健太郎 無新（14.8）

大阪府 7区
当102,486 奥下剛光 維新（45.3）
比71,592 渡嘉敷奈緒美 自前（31.7）
比24,952 乃木涼介 立新（11.0）
　20,083 川添健真 共新（ 8.9）
比6,927 西川弘城 れ新（ 3.1）

大阪府 8区
当105,073 漆間譲司 維新（53.2）
比53,877 高麗啓一郎 自前（27.3）
比38,458 松井博史 立新（19.5）

大阪府 9区
当133,146 足立康史 維新（50.3）
　83,776 原田憲治 自前（31.7）
比42,165 大椿裕子 社新（15.9）
　5,369 磯部和哉 無新（ 2.0）

大阪府 10区
当80,932 池下　卓 維新（40.3）
比66,943 辻元清美 立前（33.4）
比52,843 大隈和英 自前（26.3）

大阪府 11区
当105,746 中司　宏 維新（44.7）
比70,568 佐藤ゆかり 自前（29.8）
比60,281 平野博文 立前（25.5）

大阪府 12区
当94,003 藤田文武 維前（51.2）
比59,304 北川晋平 自前（32.3）
比17,730 宇都宮優子 立新（ 9.7）
　12,614 松尾正利 共新（ 6.9）

大阪府 13区
当101,857 岩谷良平 維新（48.5）
比当85,321 宗清皇一 自前（40.6）
　22,982 神野淳一 共新（10.9）

大阪府 14区
当126,307 青柳仁士 維新（55.7）
比70,029 長尾　敬 自前（30.9）
　30,547 小松　久 共新（13.5）

大阪府 15区
当114,861 浦野靖人 維前（54.1）
比67,887 加納陽之助 自前（32.0）
　29,570 為　仁史 共新（13.9）

大阪府 16区
当84,563 北側一雄 公前（50.8）
比72,571 森山浩行 立前（43.6）
　9,288 西脇京子 N新（ 5.6）

大阪府 17区
当94,398 馬場伸幸 維前（53.6）
比56,061 岡下昌平 自前（31.8）
　25,660 森　流星 共新（14.6）

大阪府 18区
当118,421 遠藤　敬 維前（53.0）
比61,597 神谷　昇 自前（27.5）
比24,490 川戸康嗣 立新（11.0）
　19,075 望月亮佑 共新（ 8.5）

大阪府 19区
当68,209 伊東信久 維元（42.2）
比当52,052 谷川とむ 自前（32.2）
比32,193 長安　豊 立元（19.9）
　9,258 北村みき 共新（ 5.7）

兵庫県

兵庫県　1区
当78,657　井坂信彦　立元(36.9)
比当64,202　盛山正仁　自前(30.1)
比当53,211　一谷勇一郎　維新(25.0)
　　9,922　高橋進吾　無新(4.7)
　　7,174　木原功仁哉　無新(3.4)

兵庫県　2区
当99,455　赤羽一嘉　公前(54.2)
比61,884　舩川治郎　立新(33.7)
　22,124　宮野鶴生　共新(12.1)

兵庫県　3区
当68,957　関　芳弘　自前(40.9)
比59,537　和田有一朗　維新(35.4)
比22,765　佐藤泰樹　国新(13.5)
　17,155　赤田勝紀　共新(10.2)

兵庫県　4区
当112,810　藤井比早之　自前(50.0)
比当59,143　赤木正幸　維新(26.2)
比53,476　今泉真緒　立新(23.7)

兵庫県　5区
当94,656　谷　公一　自前(42.5)
比65,714　遠藤良太　維新(29.5)
比62,414　梶原康弘　立元(28.0)

兵庫県　6区
当89,571　市村浩一郎　維元(35.2)
比当87,502　大串正樹　自前(34.4)
比77,347　桜井　周　立前(30.4)

兵庫県　7区
当95,140　山田賢司　自前(37.5)
比当93,610　三木圭恵　維元(36.9)
比64,817　安田真理　立新(25.6)

兵庫県　8区
当100,313　中野洋昌　公前(58.8)
比45,403　小村　潤　共新(26.6)
比24,880　辻　　恵　れ元(14.6)

兵庫県　9区
当141,973　西村康稔　自前(76.3)
　44,172　福原由加利　共新(23.7)

兵庫県　10区
当79,061　渡海紀三朗　自前(45.0)
比当57,874　掘井健智　維新(32.9)
比38,786　隠樹圭子　立新(22.1)

兵庫県　11区
当92,761　松本剛明　自前(49.0)
比78,082　住吉寛紀　維新(41.3)
　18,363　太田清幸　共新(9.7)

兵庫県　12区
当91,099　山口　壯　自前(55.6)
比49,736　池畑浩太朗　維新(30.3)
比23,137　酒井孝典　立新(14.1)

奈良県

奈良県　1区
当93,050　馬淵澄夫　立前(39.0)
比当83,718　小林茂樹　自前(35.1)
比62,000　前川清成　維新(26.0)

奈良県　2区
当141,858　高市早苗　自前(64.6)
比54,326　猪奥美里　立新(24.8)
　23,285　宮本次郎　共新(10.6)

奈良県　3区
当114,553　田野瀬太道　自前(60.8)
　34,334　西川正克　共新(18.2)
　32,669　高見省次　無新(17.3)
　6,824　加藤　孝　N新(3.6)

和歌山県

和歌山県　1区
当103,676　岸本周平　国前(62.7)
比61,608　門　博文　自前(37.3)
令和4年9月1日　岸本周平議員辞職
補選（令和5.4.23）
当61,720　林　佑美　維新(47.5)
　55,657　門　博文　自前(42.8)
　11,178　国重秀明　共新(8.6)
　1,476　山本貴平　政女新(1.1)

和歌山県　2区
当79,365　石田真敏　自前(57.7)
比35,654　藤井幹雄　立新(25.9)
比19,735　所　順子　維新(14.4)
　2,700　遠西愛美　N新(2.0)

和歌山県　3区
当102,834　二階俊博　自前(69.3)
　20,692　畑野良弘　共新(14.0)
　19,034　本間奈々　諸新(12.8)
　5,745　根来英樹　無新(3.9)

鳥取県

鳥取県　1区
当105,441　石破　茂　自前(84.1)
　19,985　岡田正和　共新(15.9)

鳥取県　2区
当75,005　赤沢亮正　自前(54.0)
比当63,947　湯原俊二　立元(46.0)

島根県

島根県　1区
当90,638　細田博之　自前(56.0)
比66,847　亀井亜紀子　立前(41.3)
　4,318　亀井彰子　無新(2.7)

島根県　2区
当110,327　高見康裕　自新(62.4)
比52,016　山本　誉　立新(29.4)
　14,361　向瀬慎一　共新(8.1)

岡山県

岡山県 1区
当90,939　逢沢一郎　自前(55.0)
比65,499　原田謙介　立新(39.6)
　8,990　余江雪央　共新(5.4)

岡山県 2区
当80,903　山下貴司　自前(56.4)
比62,555　津村啓介　立前(43.6)

岡山県 3区
当68,631　平沼正二郎　無新(44.4)
比当54,930　阿部俊子　自前(35.5)
比23,316　森本　栄　立新(15.1)
　7,760　尾崎宏子　共新(5.0)

岡山県 4区
当89,052　橋本　岳　自前(49.7)
比当83,859　柚木道義　立前(46.8)
　6,146　中川智晴　無新(3.4)

岡山県 5区
当102,139　加藤勝信　自前(72.6)
比31,467　はたともこ　立新(22.4)
　7,067　美見芳明　共新(5.0)

広 島 県

広島県 1区
当133,704　岸田文雄　自前(80.7)
比15,904　有田優子　社新(9.6)
14,508　大西　理　共新(8.8)
　1,630　上出圭一　諸新(1.0)

広島県 2区
当133,126　平口　洋　自前(65.2)
比70,939　大井赤亥　立新(34.8)

広島県 3区
当97,844　斉藤鉄夫　公前(55.1)
比53,143　ライアン真由美　立新(29.9)
比18,088　瀬木寛親　維新(10.2)
　3,559　大山　宏　無新(2.0)
比2,789　矢島秀平　N新(1.6)
　2,251　玉田憲勲　無新(1.3)

広島県 4区
当78,253　新谷正義　自前(48.3)
比33,681　上野寛治　立新(20.8)
比当28,966　空本誠喜　維元(17.9)
21,112　中川俊直　無元(13.0)

広島県 5区
当87,434　寺田　稔　自前(67.7)
比41,788　野村功次郎　立新(32.3)

広島県 6区
当83,796　佐藤公治　立前(51.4)
比当79,158　小島敏文　自前(48.6)

広島県 7区
当123,396　小林史明　自前(66.4)
比45,520　佐藤広典　立新(24.5)
11,580　村井明美　共新(6.2)
　5,207　橋本加代　無新(2.8)

山 口 県

山口県 1区
当118,882　高村正大　自前(70.1)
比50,684　大内一也　立新(29.9)

山口県 2区
当109,914　岸　信夫　自前(76.9)
32,936　松田一志　共新(23.1)
令和5年2月7日　岸信夫議員辞職
補選（令和5.4.23）
当61,369　岸　信千世　自新(52.5)
55,601　平岡秀夫　無元(47.5)

山口県 3区
当96,983　林　芳正　自新(76.9)
比29,073　坂本史子　立新(23.1)

山口県 4区
当80,448　安倍晋三　自前(69.7)
比19,096　竹村克司　れ新(16.6)
15,836　大野頼子　無新(13.7)
令和4年7月8日　安倍晋三議員死去
補選（令和5.4.23）
当51,961　吉田真次　自新(63.5)
25,595　有田芳生　立新(31.3)
　2,381　大野頼子　無新(2.9)
　1,186　渡部亜衣　政女新(1.4)
　734　竹本秀之　無新(0.9)

徳 島 県

徳島県 1区
当99,474　仁木博文　無元(50.1)
比尾77,398　後藤田正純　自前(38.9)
比当20,065　吉田知代　維新(10.1)
　1,808　佐藤行俊　無新(0.9)

徳島県 2区
当76,879　山口俊一　自前(59.5)
比43,473　中野真由美　立新(33.6)
　8,851　久保孝之　共新(6.9)

香川県

香川県　1区
当90,267　小川淳也　立前(51.0)
比当70,827　平井卓也　自前(40.0)
比15,888　町川順子　維新(9.0)

香川県　2区
当94,530　玉木雄一郎　国前(63.5)
比54,334　瀬戸隆一　自元(36.5)

香川県　3区
当94,437　大野敬太郎　自前(79.8)
23,937　尾崎淳一郎　共新(20.2)

愛媛県

愛媛県　1区
当119,633　塩崎彰久　自新(60.8)
比77,091　友近聡朗　立新(39.2)

愛媛県　2区
当72,861　村上誠一郎　自前(57.5)
比42,520　石井智恵　国新(33.5)
11,358　片岡　朗　共新(9.0)

愛媛県　3区
当76,263　井原　巧　自新(51.6)
比当71,600　白石洋一　立前(48.4)

愛媛県　4区
当81,015　長谷川淳二　自新(56.6)
47,717　桜内文城　無元(33.3)
11,555　西井直人　共新(8.1)
1,547　藤島利久　無新(1.1)
1,319　前田龍夫　無新(0.9)

高知県

高知県　1区
当104,837　中谷　元　自前(64.3)
比50,033　武内則男　立前(30.7)
比4,081　中島康治　N新(2.5)
4,036　川田永二　無新(2.5)

高知県　2区
当117,810　尾﨑正直　自新(67.2)
比55,214　広田　一　立前(31.5)
2,171　広田晋一郎　N新(1.2)

福岡県

福岡県　1区
当99,430　井上貴博　自前(47.5)
比53,755　坪田　晋　立新(25.7)
比当37,604　山本剛正　維元(18.0)
18,487　木村拓史　共新(8.8)

福岡県　2区
当109,382　鬼木　誠　自前(46.0)
比当101,258　稲富修二　立前(42.6)
比27,302　新開崇司　維新(11.5)

福岡県　3区
当135,031　古賀　篤　自前(57.9)
比98,304　山内康一　立前(42.1)

福岡県　4区
当96,023　宮内秀樹　自前(49.4)
比49,935　森本慎太郎　立新(25.7)
比当36,998　阿部弘樹　維新(19.0)
比11,338　竹内信昭　社新(5.8)

福岡県　5区
当125,315　堤　かなめ　立新(53.1)
110,706　原田義昭　自前(46.9)

福岡県　6区
当125,366　鳩山二郎　自前(67.4)
比38,578　田辺　徹　立新(20.8)
12,565　河野一弘　共新(6.8)
5,612　組坂善昭　無新(3.0)
3,753　熊丸英治　N新(2.0)

福岡県　7区
当92,233　藤丸　敏　自前(62.3)
比55,820　青木剛志　立新(37.7)

福岡県　8区
当104,924　麻生太郎　自前(59.6)
38,083　河野祥子　共新(21.6)
比32,964　大島九州男　れ新(18.7)

福岡県　9区
当91,591　緒方林太郎　無元(48.1)
76,481　三原朝彦　自前(40.2)
比22,273　真島省三　共元(11.7)

福岡県　10区
当85,361　城井　崇　立前(44.5)
81,882　山本幸三　自前(42.7)
比21,829　西田主税　維新(11.4)
2,840　大西啓雅　無新(1.5)

福岡県　11区
当75,997　武田良太　自前(55.8)
40,996　村上智信　無新(30.1)
比19,310　志岐玲子　社新(14.2)

佐 賀 県

佐賀県 1区
当92,452 原口一博 立前(50.0)
比当92,319 岩田和親 自前(50.0)

佐賀県 2区
当106,608 大串博志 立前(52.0)
比当98,224 古川　康 自前(48.0)

長 崎 県

長崎県 1区
当101,877 西岡秀子 国前(56.1)
比69,053 初村滝一郎 自新(38.0)
10,754 安江綾子 共新(5.9)

長崎県 2区
当95,271 加藤竜祥 自新(58.2)
比68,405 松平浩一 立前(41.8)

長崎県 3区
当57,223 谷川弥一 自前(40.7)
比当55,189 山田勝彦 立新(39.2)
25,566 山田博司 無新(18.2)
2,750 石本啓之 諸新(2.0)

長崎県 4区
当55,968 北村誠吾 自前(42.1)
比当55,577 末次精一 立新(41.8)
16,860 萩原　活 無新(12.7)
4,675 田中隆治 無新(3.5)

熊 本 県

熊本県 1区
当131,371 木原　稔 自前(61.0)
比83,842 濱田大造 立新(39.0)

熊本県 2区
当110,310 西野太亮 無新(60.6)
60,091 野田　毅 自前(33.0)
11,521 橋田芳昭 共新(6.3)

熊本県 3区
当125,158 坂本哲志 自前(71.2)
比37,832 馬場功世 社新(21.5)
12,909 本間明子 N新(7.3)

熊本県 4区
当155,572 金子恭之 自前(68.1)
比72,966 矢上雅義 立前(31.9)

大 分 県

大分県 1区
当97,117 吉良州司 無前(48.8)
比75,932 高橋舞子 自新(38.1)
15,889 山下　魁 共新(8.0)
6,216 西宮重貴 無新(3.1)
4,001 野中美咲 N新(2.0)

大分県 2区
当79,433 衛藤征士郎 自前(50.2)
比当78,779 吉川　元 立前(49.8)

大分県 3区
当102,807 岩屋　毅 自前(58.4)
比73,159 横光克彦 立前(41.6)

宮 崎 県

宮崎県 1区
当60,719 渡辺　創 立新(32.6)
比当59,649 武井俊輔 自前(32.0)
43,555 脇谷のりこ 無新(23.4)
比22,350 外山　斎 維新(12.0)

宮崎県 2区
当94,156 江藤　拓 自前(62.2)
比当57,210 長友慎治 国新(37.8)

宮崎県 3区
当111,845 古川禎久 自前(80.7)
20,342 松本　隆 共新(14.7)
6,347 重黒木優平 N新(4.6)

鹿児島県

鹿児島県　1区
当101,251　宮路拓馬　自前(53.2)
比89,232　川内博史　立前(46.8)

鹿児島県　2区
当92,614　三反園　訓　無新(47.7)
　80,469　金子万寿夫　自前(41.4)
比21,084　松崎真琴　共新(10.9)

鹿児島県　3区
当104,053　野間　健　立元(53.9)
比89,110　小里泰弘　自前(46.1)

鹿児島県　4区
当127,131　森山　裕　自前(69.5)
比49,077　米永淳子　社新(26.8)
　6,618　宮川直輝　N新(3.6)

沖　縄　県

沖縄県　1区
当61,519　赤嶺政賢　共前(42.2)
比当54,532　国場幸之助　自前(37.4)
　29,827　下地幹郎　無前(20.4)

沖縄県　2区
当74,665　新垣邦男　社新(47.4)
比当64,542　宮崎政久　自前(41.0)
比15,296　山川泰博　維新(9.7)
　3,053　中村幸也　N新(1.9)

沖縄県　3区
当87,710　島尻安伊子　自新(52.1)
比80,496　屋良朝博　立前(47.9)

沖縄県　4区
当87,671　西銘恒三郎　自前(54.9)
比72,031　金城　徹　立新(45.1)

衆議院選挙要覧〈令和5年度・最新版〉

無断禁転	令和5年7月5日発行

選挙制度研究会　編

発行者／中　島　孝　司

発行所／国政情報センター

〒150-0044　東京都渋谷区円山町5-4　道玄坂ビル

電　話　03-3476-4111

ＦＡＸ　03-3476-4842

振替口座　00150-1-24932

定価：3,190円（本体2,900円＋税10%）　落丁、乱丁の際はお取り替えいたします。

ISBN978-4-87760-369-4　C3031　¥2900E